Inhaltsverzeichnis

Vorwörter

„Das Menschlichste, was wir haben, ist doch die Sprache – und wir haben sie, um zu sprechen."
Theodor Fontane

Die Sprachentwicklung eines jeden Kindes verläuft individuell. Unsere Kinder lernen in ihrem eigenen Tempo sprechen und kommunizieren. Wir Therapeuten, Erzieher, Lehrer und Eltern können sie auf diesem Weg begleiten, fördern und fordern. Mit diesem Buch ist eine hervorragende Übungssammlung geglückt, die für unsere Kinder eine gute Hilfestellung und Unterstützung auf dem Weg in die Welt der Sprache ist. Das Heft enthält in allen Bereichen der linguistischen Ebenen gezielte Übungen:
– phonematisch-phonologische Ebene
– Kommunikation und Pragmatik
– Lexikon und Semantik
– Morphologie und Syntax

Was ich als Logopädin sehr positiv finde, ist die spielerische Auseinandersetzung mit der Sprache. Viele Übungen legen großen Wert auf Bewegung im Bereich der Grobmotorik sowie Feinmotorik und der damit verbundenen Bewegungsplanung und Körperschemata. Kinder lernen am effektivsten im Spiel. Das Spiel ist das natürlichste Instrument des Lernens und der Motor für Freude und Motivation. Unsere menschliche Kommunikation erfolgt nicht nur verbal, sondern auch nonverbal. Ich wünsche Ihnen und den Kindern viel Freude bei der Umsetzung der Übungen.
Pritzwalk, Januar 2013, Mandy Glaser (Logopädin)

Liebe Kolleginnen und Kollegen,

im Alter von drei Jahren haben die meisten Kinder einen Sprachwortschatz von ungefähr 800 Worten. Sie kennen und sprechen bereits einige Verben und Adjektive und nutzen diese in kurzen Sätzen. Im Alter von sechs Jahren kennen die Kinder schon um die 3 000 Wörter. Sie können inzwischen auch schwierige Konsonanten korrekt aussprechen und sind häufig in der Lage, Wörter richtig abzuleiten und die Mehrzahl von Substantiven bzw. die richtigen Vergangenheitsformen von Verben zu bilden.
Im Laufe der Kindergartenzeit sind die Kinder folglich zunehmend in der Lage, sich selbst auszudrücken, ihre Befindlichkeiten zu äußern und durch Sprache miteinander zu kommunizieren. Sie erkennen sich als Teil einer Gemeinschaft und erleben, dass miteinander gesprochen wird und werden muss. Um für sich selbst einzustehen und in einer sozialen Gemeinschaft leben zu können, benötigen sie ausreichend sprachliche Fähigkeiten und Fertigkeiten.
Ziel dieses Buches ist daher, die Kinder mit spielerischen Übungen und Versen in ihrer sprachlichen Entwicklung zu begleiten und zu fördern. Lassen Sie uns gemeinsam den Spaß an unserer Sprache und die Freude am Erzählen vermitteln, ihren Wortschatz erweitern – ob von Kindern mit oder ohne Migrationshintergrund – das Selbstvertrauen der Kinder beim Sprechen fördern, ihre Fähigkeiten und Formen der Aussprache und des Ausdrucks verbessern u. v. m.
Dieses Buch besteht aus zwölf Kapiteln, die jeweils ein klassisches Thema aus der Alltags- und Erfahrungswelt von Kindergartenkindern in den Vordergrund stellen. In den Kapiteln finden Sie unter anderem Lieder, Reime, Fingerspiele, Geschichten, Erzählbilder, Sprachspiele und Mundmotorikübungen für verschiedene Altersstufen.
Ich wünsche Ihnen mit diesen hier zusammengestellten Übungen, Spielen und Geschichten viele fröhliche Stunden mit erzählfreudigen Kindern!

Ihre Ilka Köhler

Hinweise zu den einzelnen Angebotsarten in diesem Heft

Erzählbilder:

Am Anfang eines jeden Kapitels finden Sie ein Erzählbild, welches den grundlegenden Wortschatz zu dem Thema aufgreift. Die Erzählbilder bieten unzählige Sprechanlässe, da beim Betrachten das Erleben, die Erfahrungen und die Meinungen der Kinder hinterfragt werden können. Es bieten sich Fragen an wie: „Was erkennst du auf diesem Bild? Hast du das schon einmal erlebt / gesehen / gegessen …? Wie war das? Was ist dann passiert? …"

Hierbei kann auch das Verständnis von Präpositionen getestet und geübt werden, zum Beispiel durch Fragen wie „Was siehst du unter dem Auto?" Des Weiteren können u. a. Mengen thematisiert werden („Gibt es auf dem Bild mehr Äpfel oder mehr Bananen?") oder Größenverhältnisse („Welches Tier ist größer?"). Außerdem können die Kinder beim Besprechen der Bilder weitere neue Wörter, Wortkombinationen und Wortableitungen kennenlernen.

Auch die Farben können thematisiert werden. Entweder malen Sie das Bild vorab in bestimmten Farben aus und die Kinder sollen die abgebildeten Gegenstände zusammen mit dem Farbwort benennen, oder Sie lassen das Bild schwarz-weiß und stellen den Kindern Fragen wie: „Welche Farbe hat die Sonne?"

Die Erzählbilder können im Anschluss auch als Ausmalbild kopiert oder als Puzzle in verschiedenen Schwierigkeitsgraden zurechtgeschnitten werden.

Konkrete Hinweise zu jedem Erzählbild finden Sie jeweils auf einer DIN-A5-Karte auf der Seite hinter dem Bild.

Suchbilder:

In einigen Kapiteln finden Sie Suchbilder. Diese sollten gemeinsam mit den Kindern betrachtet und die Unterschiede entdeckt werden. Dabei können Sie gezielt Hinweise geben und zum Beispiel auch Präpositionen wie „vor, hinter, neben, über, auf, unter, links, rechts" und Raum-Lage-Beziehungen fördern und festigen: „Sieh doch einmal **unter** dem Pferd nach."

Bewegungsspiele:

Fast alle Kapitel beinhalten auf das Thema abgestimmte Bewegungsspiele. Diese fördern das genaue Zuhören, das Verstehen von Anweisungen und Regeln und fordern häufig auch die sprachliche Wiedergabe von Worten und / oder Sätzen. Ältere Kinder können Sie auch auffordern, den jüngeren ein Spiel zu erklären.

Geschichten:

Die **Quatsch- und Fehlergeschichten** dienen u. a. als Konzentrationsübungen. Mit ihrer Hilfe werden das Zuhören der Kinder trainiert und die Verwendung der richtigen Wörter gefestigt.

Die **Entspannungs-, Massage- und Klanggeschichten** dienen, neben der Sprachförderung, auch der Förderung der Wahrnehmung (Entspannung / Anspannung, Stille / Klänge, Körperbewusstsein). Weitere Entspannungs-, Massage-, Klang- und Bewegungsgeschichten der Autorin finden Sie im Verlagsprogramm des BVK Buch Verlag Kempen.

Bei allen Geschichten erleben die Kinder die Sprache durch das Hören. Zusätzlich erweitern sie, durch ihnen unbekannte Begriffe, ihren Wortschatz. Sie können die Geschichten im Anschluss mit den Kindern reflektieren, die Geschichten nacherzählen lassen, ein neues Ende erfinden oder die Geschichte im Rollenspiel oder mit Puppen nachspielen.

Reime / Lieder / Fingerspiele:

Reime, Lieder und Fingerspiele bieten die Möglichkeit, den Kindern von Anfang an die Verse vorzusprechen bzw. vorzusingen. Bei Fingerspielen oder Bewegungsreimen werden diese hilfreich mit Bewegungen unterlegt.

Werden die Kinder größer, so können sie selbst diese Reime erlernen und sprechen. Hierbei erfahren sie den Rhythmus der Sprache und können, begleitet von Ihnen, die Silben der Wörter und Verse klatschen. Dadurch werden die Kinder spielerisch auf das spätere Silbenlesen in der Schule vorbereitet.

Puzzles:

Auch die Puzzles sollten sprachlich begleitet werden, zum Beispiel durch Fragen wie: „Weißt du schon, wohin der Arm / der Schwanz gehört?"

Geben Sie den Kindern alterangemessene Tipps und beobachten Sie, ob und wie diese umgesetzt werden. Hier können zum Beispiel auch Raum-Lage-Beziehungen thematisiert werden: „Gehört das nach oben oder nach unten?"

Seiten für das Portfolio:

Am Ende jedes Kapitels (außer im Kapitel „Das Jahr" – hier finden Sie auf der Seite 56 Hinweise für ein Jahresprojekt) finden Sie eine Seite, die individuell von oder mit dem Kind ausgefüllt werden kann. Die Seite bietet Raum für zahlreiche Sprachanlässe, da sie das Erleben, die Erfahrungen, die Vorlieben und die Meinungen der Kinder widerspiegeln soll. Es bieten sich Fragen an wie: „Woran kannst du dich noch erinnern?" – „Was hat dir besonders gefallen?" – „Wie fühlst du dich dabei?" …

Die Kinder haben hierbei die Aufgabe, über sich selbst nachzudenken und dies zudem in Worte zu fassen. Die Seiten können mit Fotos, ausgeschnittenen oder gemalten Bildern, Abdrücken von Händen … gestaltet werden.

Vorbereitung:

Bei der Vorbereitung der Materialien, zum Beispiel der Spielkärtchen, können Sie sich von den Kindern helfen lassen und dieses gemeinsame Arbeiten sprachlich begleiten. Erklären Sie den Kindern zum Beispiel, wofür diese Kärtchen / Spielvorlagen benötigt werden und wann sie diese nutzen wollen.

Sie können auch beim Ausmalen der Materialien die Farben, Formen oder aufgedruckten Bilder besprechen und Hinweise zur Farbgestaltung geben.

Altersangaben:

Auf jeder Seite finden Sie, zur groben Orientierung, eine Altersangabe für das jeweilige Angebot. [3/4]
Je nach Stärken / Schwächen eines Kindes sind die Angebote auch für jüngere / ältere Kinder geeignet.

Hinweise zu einzelnen Angeboten

zu S. 16, Wo lebt deine Familie?:

Hierfür können Sie farbige Punkte oder Zahlen / Buchstaben verwenden. Dabei werden die Farbpunkte, Zahlen oder Buchstaben am Rand wiederholt, mit dem Namen des Kindes versehen und es wird ggf. ein Foto eingeklebt. Die fertiggestellten Seiten können Sie natürlich auch – mit Hilfe von Fäden und Fotos oder gebastelten Zahnstocherfähnchen – zur Dekoration der Wände des Gruppenraums nutzen.

zu S. 47, Feinschmecker:

Achtung: Bitte achten Sie bei den Rezepten auf eventuelle Lebensmittelunverträglichkeiten der Kinder!

zu S. 55, Jahresuhr:

Die Jahresuhr können Sie für drei verschiedene Übungen verwenden:
1. als Ausmalmandala,
2. gestaltet und laminiert als Jahresuhr für den Gruppenraum,
3. in die einzelnen Monate zerschnitten als Puzzle.

zu S. 58, Daumenkino:

Beim Erstellen des Daumenkinos können gemeinsam die Arbeitsschritte beim Basteln besprochen werden. Anschließend erzählen die Kinder, beim „Kinogucken", wie sich der Baum im Laufe des Jahres verändert. Sie können hierzu auch gezielt Fragen stellen, zum Beispiel: „Guck mal, hier sind noch Blätter an den Ästen – um welche Jahreszeit könnte es sich hier handeln?"

Zu S. 66, Reime zum Muttertag / Vatertag:

Die Reime können Sie als kleine Überraschung für die Eltern mit den Kindern einstudieren und sie dann von diesen vortragen lassen. Zusätzlich können Sie den passenden Vers auch in eine von den Kindern selbstgebastelte Karte schreiben und diese den Kindern als Geschenk für die Mutter / den Vater mitgeben.

zu S. 77, Fühlbingo:

Sie können den Kindern auch eine leere Tabelle mit 4 x 4 Kästchen anbieten und erklären ihnen, wo sie welchen Gegenstand ablegen sollen, zum Beispiel: „Links unten in die Ecke kommt …" – „Neben … legst du …"

zu S. 85, Herbstdomino:

Die Silben der Bilder sollen von / mit den Kindern geklatscht werden. (Es bietet sich zur besseren Unterscheidung an, beim Klatschen nach jeder Silbe die Körperseite und die dominante Klatschhand zu wechseln: 1 x vor der linken Körperhälfte klatschen – rechte Hand oben, 1 x vor der rechten Körperhälfte klatschen – linke Hand oben.) Anschließend werden die Bilder den jeweils passenden Punkten zugeordnet. Je Silbe ein Punkt.

zu S. 91, Halloweenreime:

Diese Reime können anstelle des üblichen Spruches „Süßes oder Saures!" beim Sammeln von Süßigkeiten am Halloweenabend / bei einem Halloweenfest im Kindergarten verwendet werden.

zu S. 97, Wörterpuzzle:

Die richtigen Lösungswörter können vom Kind sowohl mit einem farbigen Stift eingekreist als auch ausgeschnitten und auf ein neues Blatt aufgeklebt werden.

zu S. 100, Suchbild „Fasching":

Lösung: Hier haben sich 14 Luftballons versteckt.

zu S. 106, Tierpuzzle:

Die DIN-A4-Seite kann zum Puzzeln auf DIN A3 vergrößert werden. Anschließend sollten die Karten farbig gestaltet, ausgeschnitten und laminiert werden. Damit sich leichter zuordnen lässt, welches Puzzleteil zu welchem Puzzle gehört, kann jedes Puzzle vor dem Ausschneiden auf eine andere Tonpapierfarbe geklebt werden. Bitte zerschneiden Sie die Tierbilder, je nach Können und Alter der Kinder, in vier oder mehr Puzzleteile.

zu S. 116 / 117, Spielkarten:

Hierbei handelt es sich ausschließlich um männliche Berufsbezeichnungen, um eine geschlechterspezifische Wertung (z. B. Köchin = Frau, Rennfahrer = Mann) zu vermeiden.
Die DIN-A4-Seiten sollten für das Quartettspiel auf DIN A3 vergrößert werden. Für ein Memo-Spiel und Bingo ist die vorgegebene Größe der Spielkarten geeignet. Anschließend sollten die Karten farbig gestaltet, ausgeschnitten und laminiert werden.

Einsatzmöglichkeiten des Erzählbildes

Das bin ich

Fragen zum Bild / Reflexionsfragen:
• Was spielen die Kinder auf dem Bild? Womit würdest du spielen?
• Die Kinder auf dem Bild haben verschiedene Gefühle. Kannst du sie benennen?
  Kannst du auch erklären, warum sich das einzelne Kind so fühlt?

Grammatik:
• *Farbwörter:* Malen Sie das Bild entweder vorab in verschiedenen Farben an und bitten
  Sie die Kinder, die Kleidung der Kinder auf dem Bild mit Hilfe der Farben zu beschreiben
  („Das Mädchen trägt ein rotes Kleid mit gelben Streifen."). Alternativ können Sie das Bild auch
  hochkopieren und die Kinder malen nacheinander jeweils selbst ein Kind aus und beschreiben
  im Anschluss, in welchen Farben sie das Kind ausgemalt haben und warum. Dann können
  die Kinder beschreiben, was sie selbst heute tragen oder was ihr Sitznachbar heute trägt.
• *Akkusativ und Dativ, Präpositionen:* Fragen Sie die Kinder zum Beispiel:
  – Womit spielen die zwei Kinder hinten im Bild? → Die Kinder spielen mit dem Ball.
  – Von wem wir das Mädchen getröstet? → Das Mädchen wird von der Erzieherin getröstet.

ab 3

Wortschatzerweiterung / Erzählanlässe:
• *Gefühle beschreiben:* Suche dir ein auf dem Bild abgebildetes Gefühl aus. Wann warst du
  schon einmal traurig, fröhlich, hast dich allein gefühlt …? Erzähle! Was hat dir geholfen?
• *Auf dem Spielplatz:* Auf welchem Spielplatz spielst du am liebsten? Welche Gegenstände
  und Geräte gibt es dort? Womit spielst du am liebsten?

✂ ....

Ratespiel: Das bin ich!

Das bin ich

Für dieses Spiel benötigen Sie ein Kind als Beschreibenden und andere Kinder
als Ratende.
Die Kinder sitzen im Kreis. Der Beschreibende steht in der Kreismitte, wählt sich
heimlich einen Mitspieler aus und beginnt nun, ihn zu beschreiben, zum Beispiel:
„Er ist sehr groß."

Dabei sollte er die Beschreibungen auch mit Mimik und Gestik begleiten.
(Bei „groß" sich zum Beispiel auf Zehenspitzen stellen und einen Arm ganz weit nach
oben ausstrecken.) Nach jedem Satz folgt eine kleine Pause. Er beschreibt so lange
das ausgewählte Kind, bis sich dieses Kind selbst in den Beschreibungen
erkennt und laut ruft: „Das bin ich!"
Stimmt es, ist nun dieses Kind der Beschreibende, stimmt
es nicht, macht der Beschreibende weiter, bis das richtige
Kind gefunden ist.

4/5

BVK KI35 • Ilka Köhler: Sprachförderung mit Kindergartenkindern

1. 👁 Schaue und 👄 benenne.
2. Wie fühlen sich die Kinder? Wer fühlt dasselbe? Warum?

Das bin ich

3/4

Gefühle kennenlernen

Das bin ich

Material:
Kopiervorlage „Gefühletabelle" (s. S. 10), 1 Schere, ggf. Stifte, ggf. kleine Klammern

Vorbereitung:
Kopieren Sie die Vorlage und malen Sie sie ggf. an.

Spielanleitung:
Besprechen Sie nun zunächst mit den Kindern, welche Gefühle sie kennen. Lassen Sie die Kinder die genannten Gefühlen dann den Bildern der Vorlage zuordnen. Falls einige Bilder übrig bleiben, überlegen Sie gemeinsam, wie sich das Kind auf dem jeweiligen Bild fühlen könnte.

Sprechen Sie mit den Kindern darüber, dass es angenehme und unangenehme Gefühle gibt, dass man Gefühle sogar körperlich spüren kann (z. B. das Herzrasen vor Freude und den Kloß im Hals vor Trauer). Sie können auch thematisieren, dass es für Gefühle manchmal auch mehrere Bezeichnungen (glücklich / zufrieden / mir geht es gut …) gibt.

Fragen Sie die Kinder:
• Hast du dich schon einmal so gefühlt?
• Woran lag das?
• War das Gefühl für dich angenehm?

Schließen Sie diese Runde der Gefühle ab, indem sich alle Kinder und Erwachsenen (eine Minute lang) anlächeln.

Tipp „Gefühlspantomime":
Legen Sie die Spielkärtchen verdeckt auf den Tisch oder auf den Boden. Nun deckt ein Kind die oberste Karte auf – ohne sie einem anderen Kind zu zeigen – und versucht, das dargestellte Gefühl pantomimisch nachzuspielen. Hierbei darf es Mimik, Gestik und Laute verwenden. Das Kind, welches das Gefühl als Erstes erkannt hat, bekommt das Kärtchen und ist als Nächstes an der Reihe. Gewinner ist, wer die meisten Spielkärtchen ergattern konnte.

Tipp „Stimmungsbarometer":
Benutzen Sie die Gefühletabelle als Klammerkarte und reichen Sie den Kindern / dem Kind die Klammerkarte als Verständigungsmittel, wenn eine verbale Kommunikation durch negative Gefühle schwer möglich ist. Natürlich können die Kinder auch ihre Hochgefühle auf der Klammerkarte anzeigen. Dazu wird jeweils eine Klammer an der Seite des auszudrückenden Gefühls angeklammert.
Um die Tabelle als Klammerkarte für mehrere Kinder gleichzeitig nutzen zu können, sollten Sie den Kindern entweder farbige Klammern zuordnen oder Kinderfotos / kleine Bildchen auf den Klammern befestigen.

BVK Kl35 • Ilka Köhler: Sprachförderung mit Kindergartenkindern

Gefühletabelle

Lösung (von links oben nach rechts unten): glücklich / zufrieden, traurig, mutig, ängstlich, sich geliebt fühlen, sich ausgeschlossen fühlen, müde, gelangweilt, überrascht, wütend

BVK KI35 • Ilka Köhler: Sprachförderung mit Kindergartenkindern

Lied

Ich bin …

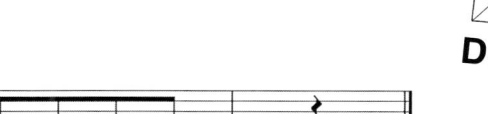

Das bin ich

| Ich | bin | der | klei - ne | Tom - my, | der | Tom - my, | das | bin | ich. |

1. Ich bin der kleine Tommy,
   der Tommy, das bin ich.

   (für Namen mit einer Silbe ggf. Diminutiv verwenden)

2. Ich bin die kleine Tine,
   die Tine, das bin ich.

   (für Name mit zwei Silben)

3. Ja, ich bin der Matthias,
   Matthias, das bin ich.

   (für Name mit drei Silben)

4. Ich spiele gern mit Puppen,
   mit Puppen spiel ich gern.

5. Ich male gern mit Tusche,
   mit Tusche mal ich gern.

6. Ich esse gerne Nudeln,
   ja, Nudeln ess ich gern.

7. Ich singe gern ein Liedchen,
   ein Liedchen sing ich gern.

8. Ich höre gern Geschichten,
   Geschichten hör ich gern.

9. Ich bin ja heut so glücklich,
   so glücklich bin ich heut.

Oder etwas schwieriger:

10. Ich puzzle gern mit Oma,
    denn Oma kann das gut.

11. Ich fahr so gerne Fahrrad,
    mein Fahrrad mag ich sehr.

Hinweis:

Das Lied lässt sich auf den Liedanfang von „Ich kenne einen Cowboy" singen.
Singen Sie alle Strophen zweimal nacheinander. Natürlich können Sie mit den Kindern noch viele
weitere „Ich bin"-Strophen dazudichten bzw. die angegebenen Strophen individuell anpassen.

Text: Ilka Köhler
Melodie: traditionell nach „Ich kenne einen Cowboy …"

Lieblingsspielsachen

Material:

Kopiervorlage „Spielsachen" (siehe unten) oder Spielzeugkataloge, Kopiervorlage „Kind" (s. S. 13), Stifte

Vorbereitung:

Kopieren Sie die Vorlage „Spielsachen" mehrfach oder legen Sie Spielzeugkataloge bereit. Kopieren Sie die Vorlage „Kind" mehrfach und geben Sie jedem Kind entweder eine Kopie von einem Mädchen oder von einem Jungen.

Spielanleitung:

Jedes Kind sucht sich Bilder von seinem Lieblingsspielzeug aus und klebt dieses auf seine Vorlage. Ältere Kinder können auch noch eigene Bilder dazumalen. Im Anschluss stellt jedes Kind sein Bild vor.

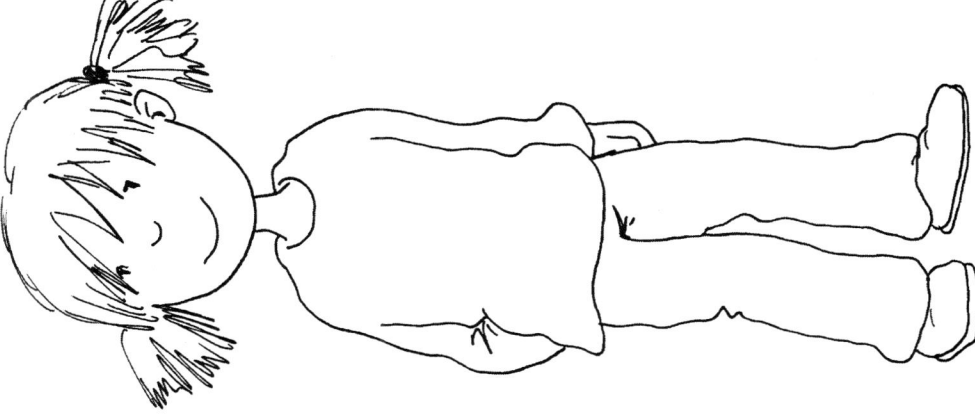

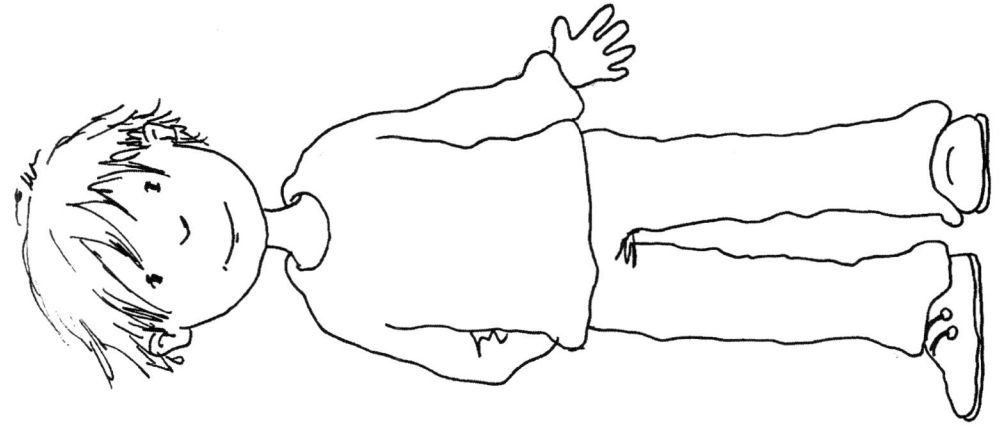

13

Das bin ich

Name:

Datum:

So sehe ich aus:

ab 3

Das kann ich schon:

Das mache ich am liebsten:

Mir geht es gut, wenn:

Meine Freunde sind:

BVK Kl35 • Ilka Köhler: Sprachförderung mit Kindergartenkindern

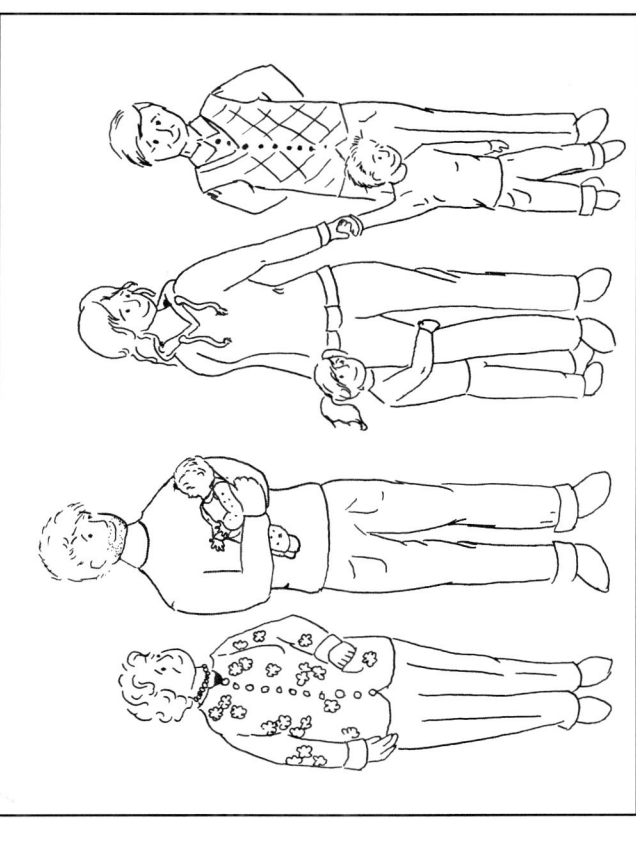

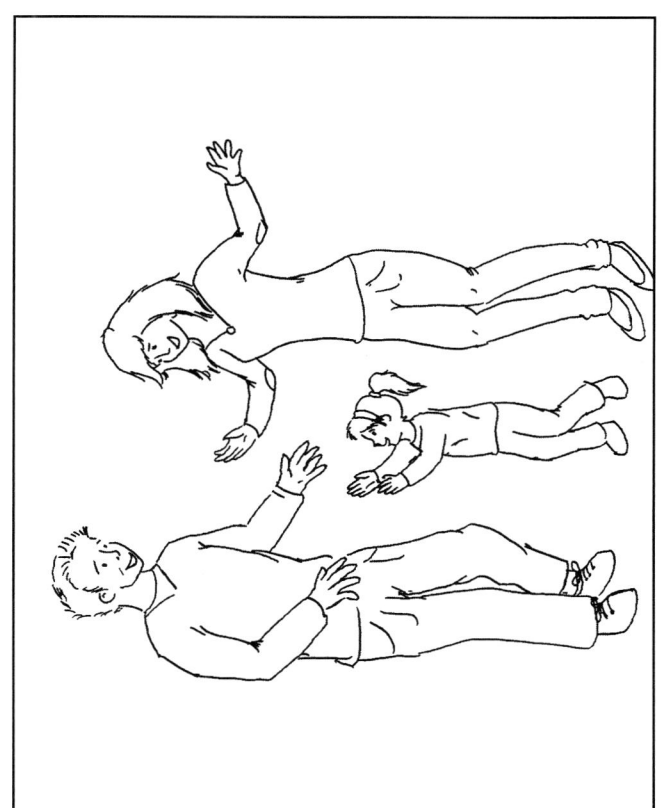

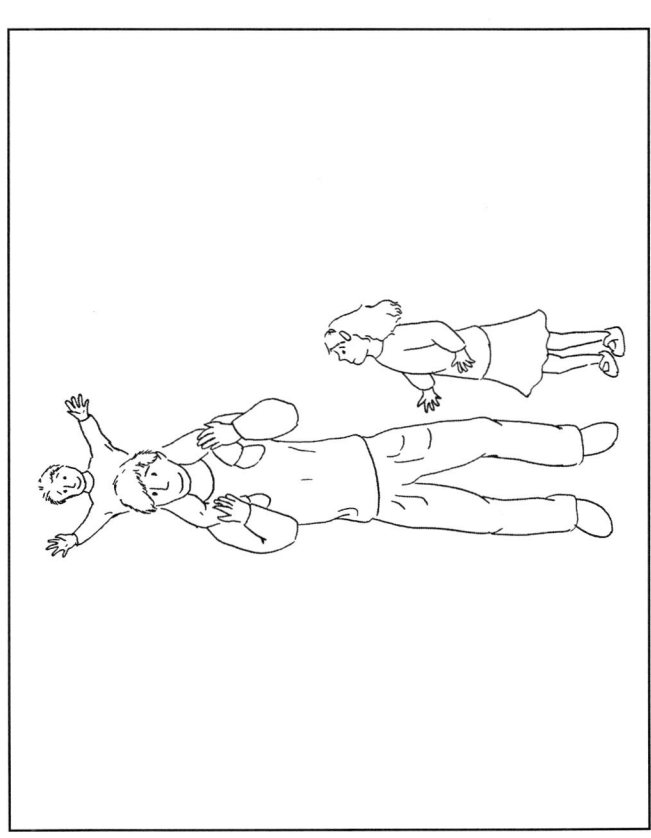

Einsatzmöglichkeiten des Erzählbildes

Familie

Fragen zum Bild / Reflexionsfragen:
- Auf den Bildern siehst du vier verschiedene Familien. Welche Familienmitglieder kannst du erkennen?
- Beschreibe die einzelnen Bilder: Was machen die Familien / einzelnen Familienmitglieder? („Der Junge hat seine Mama an der Hand." / „Vater, Mutter und das kleine Mädchen tanzen." …)

Grammatik:
- *Adjektive / Steigerungsformen:* Die Kinder sollen jeweils eine Person auf einem Bild beschreiben. Regen Sie die Kinder durch Fragen an, verschiedene Adjektive zu benutzen, indem sie zum Beispiel die gewählte Person mit den anderen Personen auf dem Bild vergleichen sollen. („Der Junge ist kleiner / jünger als seine Schwester.", Die Mutter hat längere Haare als der Vater." …)
- *Zahlwörter:* Die Kinder sollen die Bilder mit Hilfe von Zahlwörtern beschreiben. („Wie viele Mamas kannst du sehen?", „Wie viele Schuhe kannst du entdecken?" …)

Wortschatzerweiterung / Erzählanlässe:
- *Wer bin ich?:* Ein Kind sucht sich eine Person auf den Bildern aus und die anderen Kinder müssen versuchen, durch Fragen („Trägst du eine Hose?", „Bist du ein Mädchen?" …) herauszufinden, wen sich das Kind ausgesucht hat.
- *Meine Verwandten:* Die Kinder sollen nacheinander ihre Familie und ihren engeren Verwandtenkreis vorstellen. Dabei können auch noch weitere Familienwörter ergänzt werden, wie zum Beispiel: Uroma, Cousin, Neffe, Stiefvater, Halbschwester …

ab 3

Wo lebt deine Familie?

Familie

Material:
Kopiervorlage „Deutschlandkarte" (s. S. 17, auf DIN A3 hochkopiert)

Arbeitsanleitung:
1. Besprechen Sie mit den Kindern, wo ihre Familienmitglieder leben:
   - Hast du sie dort schon einmal besucht?
   - Wie bist du dahingefahren?
   - Was hast du dort gespielt / erlebt …?

2. Auf der vergrößerten Deutschlandkarte können die Kinder dann die Orte markieren, an denen ihre Familienmitglieder wohnen. Natürlich können Sie auch eine Karte Ihrer Region, Ihres Bundeslandes, von Europa oder der Welt dazu nutzen. Dies hängt ganz von den Familien der Kinder Ihrer Einrichtung ab.
Durch diese Übung erhalten die Kinder auch spannende Informationen über ihr Heimatland, zum Beispiel: „Meine Tante wohnt in Potsdam. Da ist ein großes Schloss." o. Ä. An diese Informationen können Sie anknüpfen und den Kindern ggf. Material zur Vertiefung des Themas anbieten.

4 / 5

Einsatzmöglichkeit dieses Angebots zur Wandgestaltung siehe Seite 4.

BVK Kl35 • Ilka Köhler: Sprachförderung mit Kindergartenkindern

Deutschlandkarte

Kiel
SCHLESWIG-
HOLSTEIN

MECKLENBURG-
VORPOMMERN

HAMBURG
Hamburg

Schwerin

Bremen
BREMEN

NIEDERSACHSEN

Berlin
Potsdam   BERLIN

Hannover

Magdeburg

BRANDENBURG

NORDRHEIN-
WESTFALEN

SACHSEN-
ANHALT

Düsseldorf

SACHSEN

HESSEN

Erfurt

Dresden

THÜRINGEN

RHEINLAND-
PFALZ

Wiesbaden

Mainz

Saarbrücken

SAARLAND

Stuttgart

BAYERN

BADEN-
WÜRTTEMBERG

München

Fingerspiel (1)

Familie Klitzeklein

Familie

Die Familie Klitzeklein
möchte heut beisammen sein.

*alle Finger einer Hand bewegen,
den Daumen in die Handfläche legen
und mit den Fingern umschließen*

Der Papa und die Mama,
die Kinderlein sind auch schon da.

*Daumen, Zeigefinger aus Faust lösen,
die restlichen drei Finger mehrfach
anheben und senken*

Denn heute gibt's ne große Party,
Mutti tanzt schon mit dem Vati.

*rechten Daumen und Zeigefinger
auf der flachen linken Hand drehen*

Und die Kinder steh'n am Rand,
klatschen froh in ihre Hand.

mit den Händen klatschen

Fingerspiel (2)

Das Familienhaus

Familie

In *(Wohnort einsetzen)* steht ein
schönes Haus,

*mit der rechten und der linken Hand einen
rechten Winkel bilden und die Fingerspitzen
als „Hausdach" zusammenstoßen lassen*

da schaut Familie *(Familiennamen
einsetzen)* heraus.

*sich mit dem Gesicht an das gebildete Haus
lehnen und hinausschauen*

… ist die / der Große,
die / der kocht grad Nudelsoße.

*nacheinander die Namen von fünf Familien-
mitgliedern einsetzen, bei kleinen Familien
sind auch Haus- oder Kuscheltiere möglich;
gleichzeitig die einzelnen Finger der Hand
mit zeigen*

… ist die / der Zweite,
die / der liest schnell noch 'ne Seite.

… ist die / der Dritte,
in diesem Bund die Mitte.

Dann ist die / der … dran,
und zeigt uns, was sie / er kann.

Die / Der … kommt zum Schluss,
und gibt der Mama einen Kuss.

*einen Handkuss auf die rechte Hand setzen
und wegpusten*

BVK Kl35 • Ilka Köhler: Sprachförderung mit Kindergartenkindern

Dominospiele

Material:
ausgeschnittene und ggf. ausgemalte und / oder laminierte Dominokärtchen
(Kopiervorlage „Familiendomino", s. S. 20)

Spielanleitungen:

1. „Klassisches" Domino

- Beim Dominospiel mit nur einem Kind sollte dieses möglichst eigenständig die Reihenfolge
  erkennen, legen und dabei laut Überlegungen anstellen, welche Familienmitglieder auf den
  einzelnen Bildern zu sehen sein könnten. Hierbei sind verschiedene Antworten möglich,
  zum Beispiel: Oma / Uroma, Tante / Stiefmutter … Natürlich dürfen Sie auch hier wieder
  bei Bedarf mit Erklärungen und Fragestellungen weiterhelfen.
- Beim Spiel mit zwei Kindern werden die Kärtchen gemischt, ausgeteilt und ein Anfangs-
  kärtchen wird aufgedeckt. Nun sollen die Kinder, wenn sie ein passendes Kärtchen haben,
  dieses abwechselnd anlegen und dabei laut äußern, was sie wo anlegen.

2. Alt und jung / Groß und klein

- Eine Familie hat viele Gesichter. Nun kommt es zunächst darauf an, die Gesichter nach
  männlich und weiblich zu unterteilen.
- Anschließend soll das Kind versuchen, die Bilder dem Alter der abgebildeten Personen
  nach zu ordnen.
- Möglich ist auch die Variante, die Bilder der vermeintlichen Größe der abgebildeten Personen
  nach zu ordnen. (Wer ist größer: der Papa oder der Opa?)
- Zum Abschluss kann das Kind die sortierten Bilder auf ein Blatt kleben und farbig gestalten.

3. Familienwettlauf (für die Turnhalle oder das Außengelände)

Die Kinder werden in Familien eingeteilt – dabei sollte jede Familie aus den gleichen Familien-
mitgliedern bestehen, also zum Beispiel jeweils zwei Kinder, ein Opa … Die Kinder dürfen
ihren Familien lustige Namen geben. Dann setzen sich die einzelnen Familien hintereinander.
Wenn alle ruhig sitzen, rufen Sie jeweils eines der Bilder auf, zum Beispiel: „die Opas". Daraufhin müssen die Opas der Gruppe gegeneinander antreten. Sie laufen bis zu einer bestimmten
Markierung und zurück. Die schnellste Reihe bekommt einen Punkt. Die Familie, die am Ende
die meisten Punkte hat, hat gewonnen.

Familiendomino

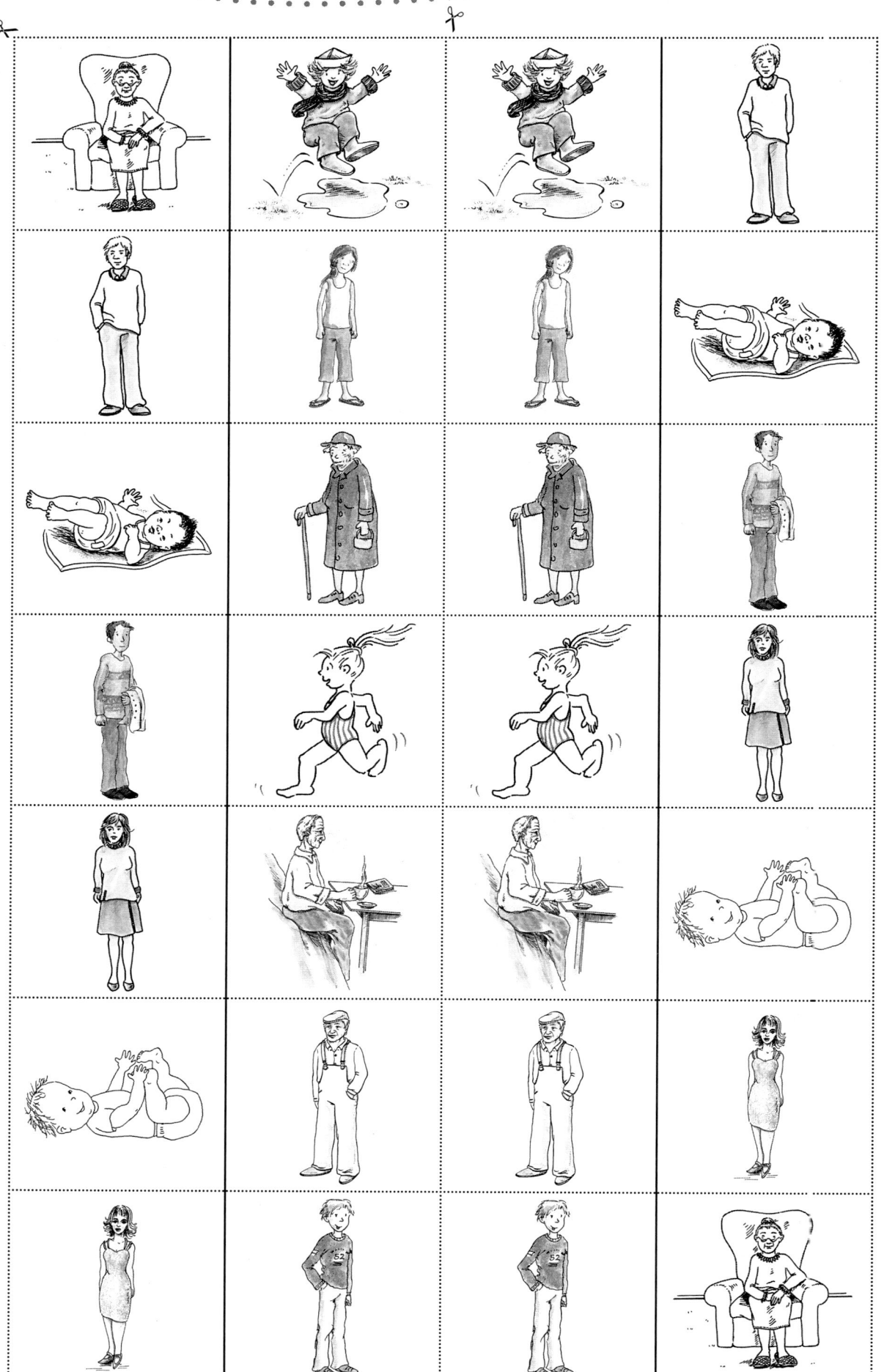

BVK Kl35 • Ilka Köhler: Sprachförderung mit Kindergartenkindern

Suchbild „Zwillinge"

👁 Findest du die Zwillinge?

👄 Erzähle, was du siehst. Welche Gemeinsamkeiten gibt es?
Welche Unterschiede gibt es?

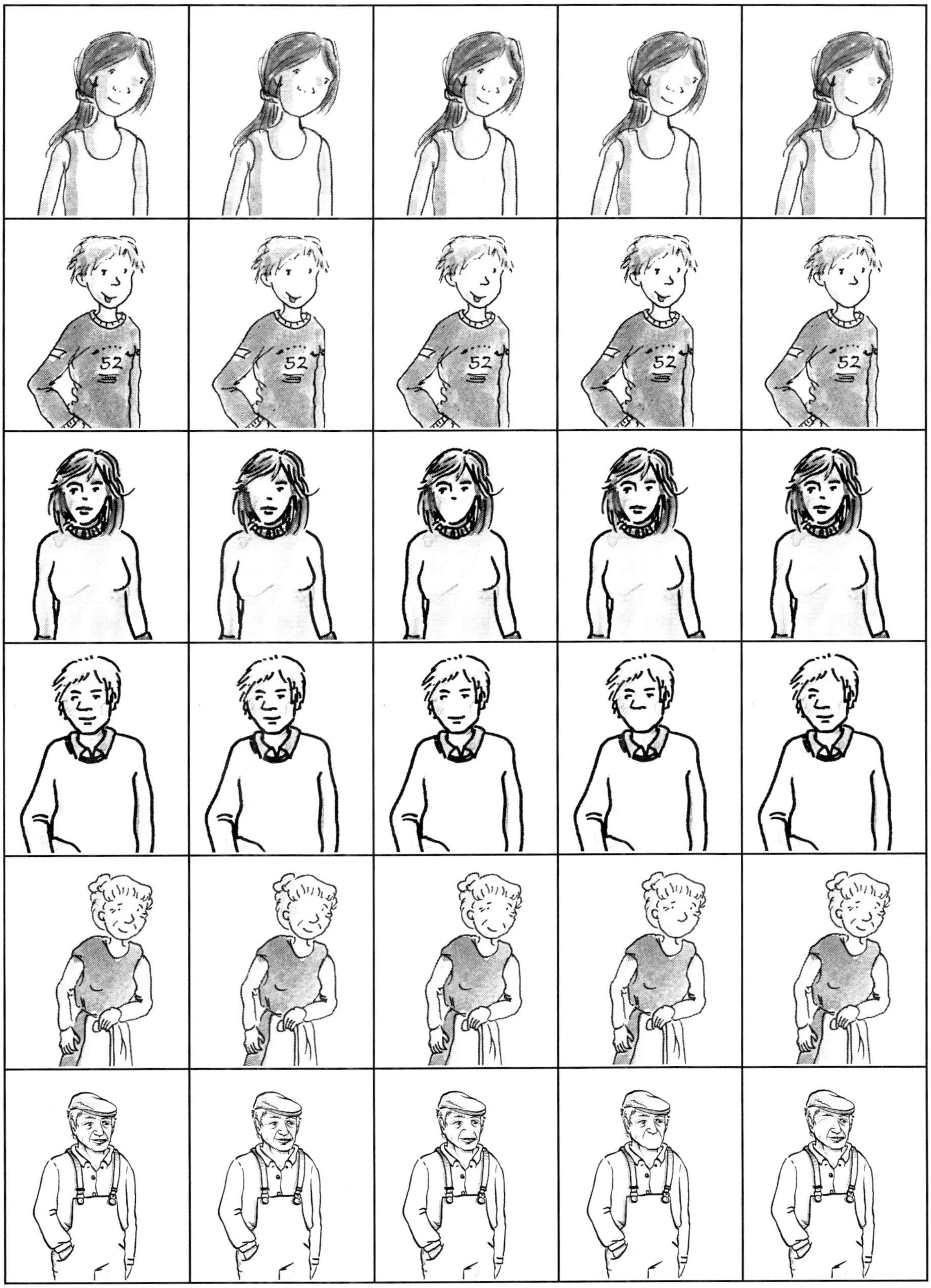

Familie

4 / 5

Das ist meine Familie

Material:
Familienfotos der Kinder (siehe Vorbereitung)

Vorbereitung:
Wenn Sie die Möglichkeit dazu haben, bitten Sie die Eltern der Kinder um Fotos der einzelnen Familienmitglieder bzw. nahen Verwandten (Mama, Papa, Bruder, Schwester, Oma, Opa, Onkel, Tante …). Die Eltern können die Fotos auf der Rückseite mit Namen und Verwandtschaftsgrad versehen und in kleinen Einsteckalben verstauen.

Arbeitsanleitung:
1. Besprechen Sie gemeinsam mit den Kindern, um welche Person es sich jeweils handelt. Erläutern Sie dabei eventuell unbekannte Bezeichnungen von Verwandtschaftsbeziehungen wie zum Beispiel Tante, Onkel, Cousin …
2. Fragen Sie das Kind, ob es sich bei der Abbildung um eine männliche oder eine weibliche Person handelt und ob das Kind weiß, wie oft diese Person in der Familie vorkommt (z. B. Mama 1-mal, Oma 2-mal, Bruder 3-mal …).
3. Wählen Sie ein Foto aus und lassen Sie sich berichten, welche Erlebnisse, Erinnerungen oder Feste den Kindern mit dieser Person besonders in Erinnerung geblieben sind und warum:
   • „Was hast du mit dieser Person erlebt?"
   • „Woran erinnerst du dich?"
   • „Was hat dir daran besonders gut gefallen?"
   • „Was fällt dir zu dieser Person ein?"

Weiterführende Ideen:
Wenn Sie noch mehr Fotos der Familienmitglieder zur Verfügung haben, besteht die Möglichkeit, mit den Kindern das Portfolio „Mein Stammbaum" (s. S. 23) zu erstellen.
Haben Sie keine weiteren Fotos zur Verfügung, können Sie die vorhandenen Bilder auch in Farbe kopieren oder einscannen und farbig ausdrucken.
Die fertiggestellten Stammbäume können Sie natürlich auch als Wandgestaltung für den Gruppenraum nutzen.

Mein Stammbaum:

Name: ______________________________ Datum: ______________________

Oma
Opa
Oma
Opa
Mama
Papa
ich

BVK KI35 • Ilka Köhler: Sprachförderung mit Kindergartenkindern

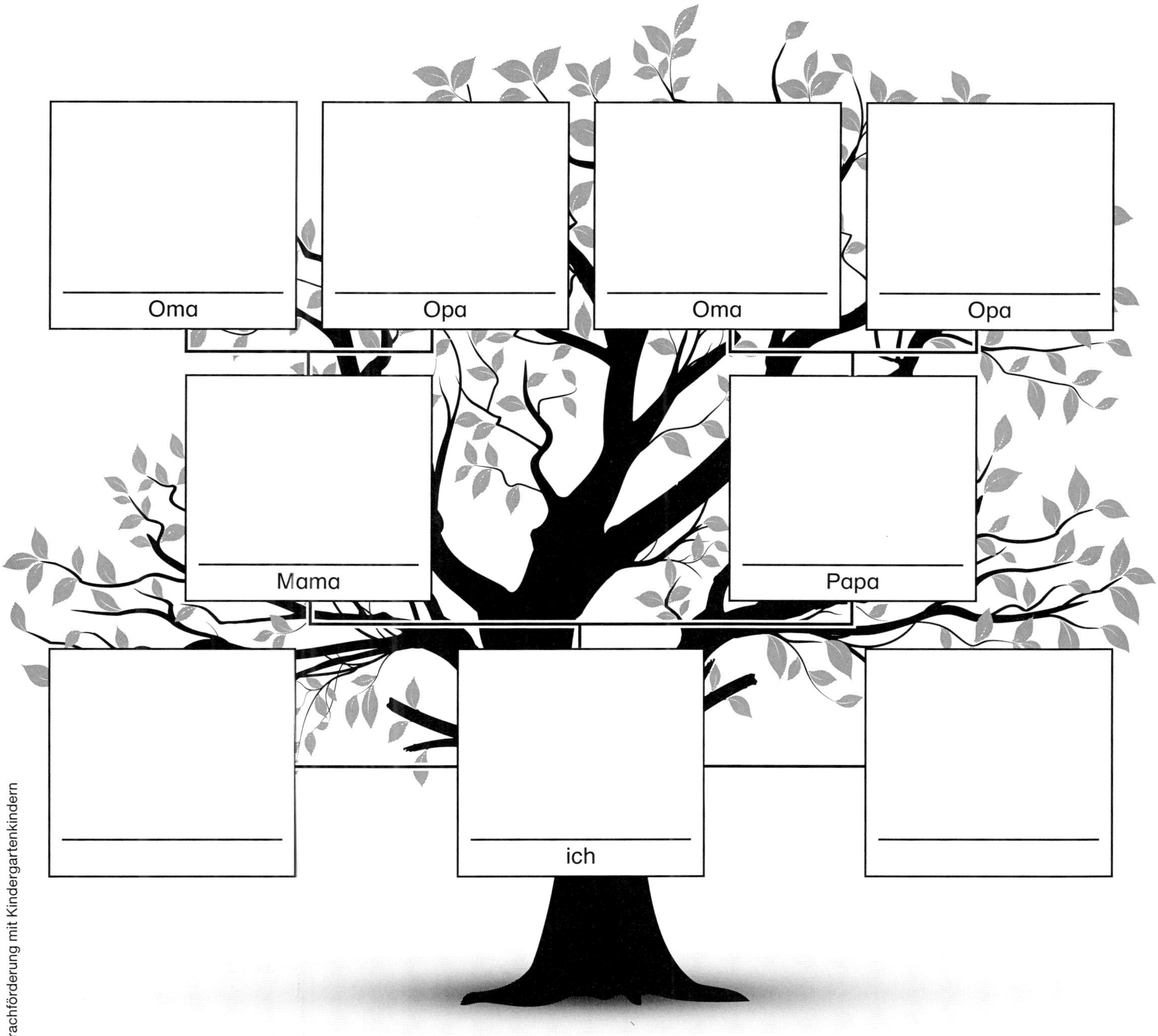

Erzählbild „Mein Tag“

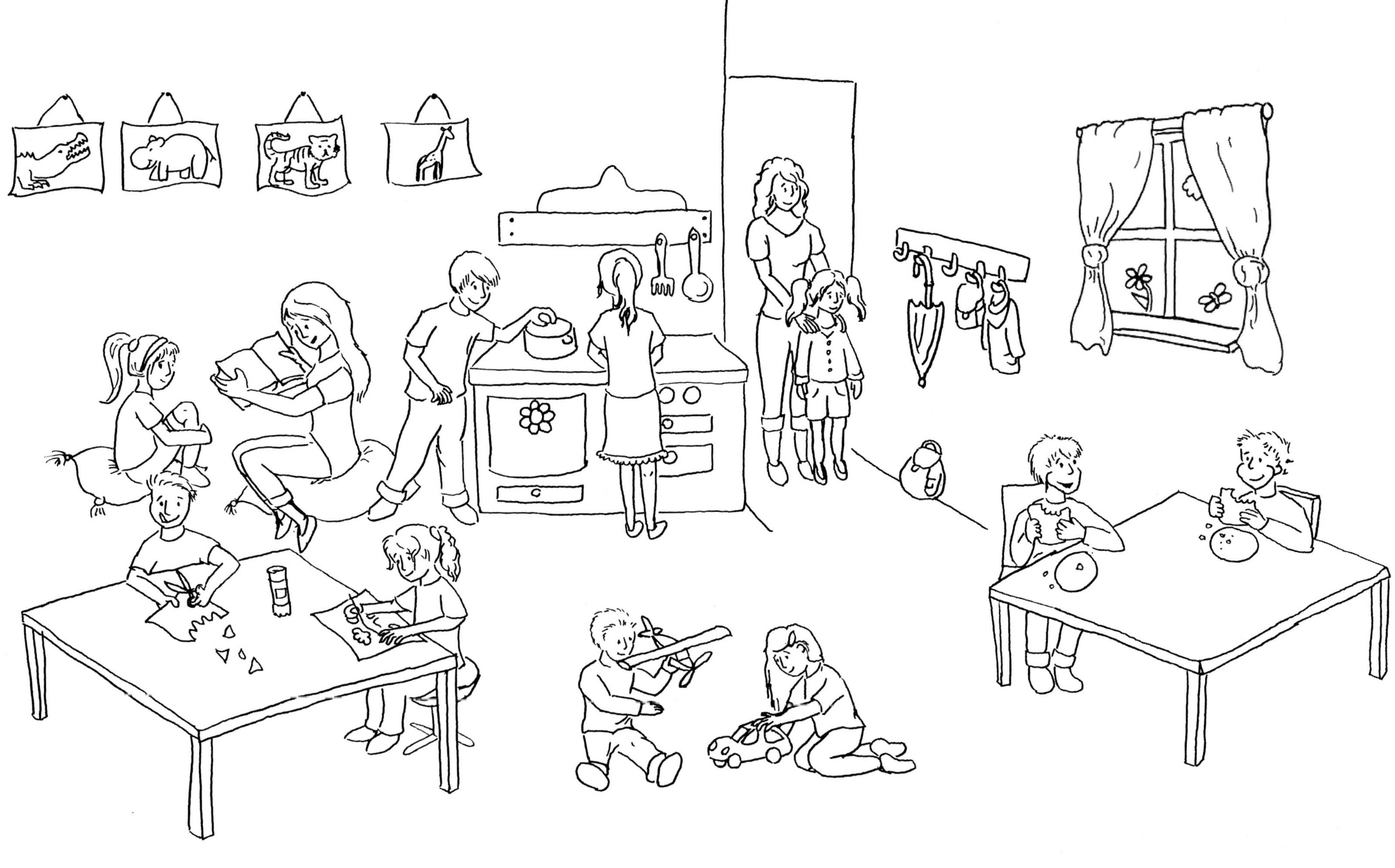

Einsatzmöglichkeiten des Erzählbildes

Mein Tag

Fragen zum Bild / Reflexionsfragen:

- Schaue dir das Kindergartenbild genau an. Was spielen / machen die Kinder?
- Welche Spielzeuge habt ihr auch in eurer Gruppe? Welche Spielsachen habt ihr noch?
- Die Kinder haben selbstgemalte Bilder an einer Wand aufgehängt. Was haben sie gemalt?

Grammatik:

- *Präpositionen:* Stellen Sie den Kindern entsprechende Fragen zu den Gegenständen auf dem Bild, sodass die Kinder mithilfe von Präpositionen antworten müssen. Beispiele:
  - „Wo steht der Kleber?" – „Der Kleber steht *auf dem* Tisch."
  - „Wo kannst du Rucksäcke entdecken?" – „Ein Rucksack hängt *an der* Garderobe. Ein Rucksack steht *auf dem* Boden."
- *Zahlwörter:* Fragen Sie die Kinder, wie viele Garderobenhaken, Jungen, Mädchen, Bilder, Schuhe, Spielzeuge … sie auf dem Bild entdecken können.

ab 3

Wortschatzerweiterung / Erzählanlässe:

- *Mein Tag im Kindergarten:* Beschreibe deinen Tag im Kindergarten (z. B. ankommen, Frühstück, Morgenkreis, Lieblingsspiele, Mittagessen, Ruhephase, rausgehen, abgeholt werden …).
- *Spielzeugnamen:* Wie viele verschiedene Spielsachen fallen euch ein? (Die genannten Spielsachen ggf. aufschreiben und die Begriffe im Anschluss zählen. Nebenbei immer wieder überprüfen, ob auch alle Kinder die genannten Spielzeuge kennen.)

✂ ....

Was mache ich am häufigsten?

Mein Tag

Material:

Spielplättchen von Seite 30 (ggf. mehrfach kopiert, angemalt und ausgeschnitten), mehrere Blätter mit je einer aufgemalten, dreispaltigen Tabelle (In die erste Spalte tragen Sie die Zahlen 1 bis 4, + (für „häufiger") und – (für „gar nicht") ein. In die zweite und dritte Spalte werden im Verlauf des Spiels die passenden Plättchen geklebt.), 1 Würfel (die 5 wird mit einem Pluszeichen und die 6 mit einem Minuszeichen überklebt)

Spielanleitung:

Hier sollen die Kinder herausfinden, was sie besonders häufig machen. Die Kinder würfeln reihum. Passend zu ihrer gewürfelten Zahl suchen sie ein passendes Bild aus den Plättchen aus, legen es an die passende Stelle in ihrer Tabelle und stellen es vor, zum Beispiel bei einer gewürfelten 3: „Ich lege das Bild „Zähne putzen" zur 3, weil ich mir dreimal am Tag die Zähne putze." Oder bei einer gewürfelten 1: „Ich lege das Bild „im Kindergarten ankommen" auf die 1, da ich das einmal am Tag mache." Oder bei einem gewürfelten Minuszeichen: „Ich lege „Auto fahren" auf das Minuszeichen, da wir kein Auto haben und ich nie mit dem Auto fahre."
(Es sollten stets richtige Antworten gewählt werden. Vielleicht besprechen Sie dies vor dem Aufkleben mit dem jeweiligen Kind.)
Würfelt ein Kind eine Zahl, bei welcher seine Spalte schon gefüllt ist, so bekommt es kein Plättchen und muss bis zur nächsten Runde warten. Ziel ist es, als Erster die Tabelle gefüllt zu haben.

ab 4

BVK Kl35 • Ilka Köhler: Sprachförderung mit Kindergartenkindern

Fingerspiele

Aus einem großen, bunten Haus …

Aus einem großen, bunten Haus,
da schauen fünf Mädchen heraus.
Die Kleinste, das ist die Liese,
die liegt so gern auf der Wiese.
Die Nächste, das ist die Anne,
die badet gerade in der Wanne.
Dann gibt es hier noch die Mia,
sie spielt mit dem Kätzchen Pia.
Und das hier ist uns're Isa,
die möchte einmal bis nach Pisa.
Ja und hier unten ist die Babett,
sie muss sich jetzt ausruhen in ihrem Bett.

Aus einem bunten Haus,
da schauen fünf Buben heraus.
Der Kleinste, das ist der Ulli,
der trägt einen blauen Pulli.
Der Nächste, das ist der Frank,
der sucht etwas in seinem Schrank.
Dann gibt es unseren Fritz,
er spielt mit des Nachbarn Spitz.
Und das hier, das ist der Mark,
der isst am allerliebsten Quark.
Ja und hier unten, das ist der Hein,
der schläft in seinem Bettchen ein.

Beginnen Sie bei den Fingerspielen mit dem kleinsten Finger des Kindes. Zum Schluss wird der Daumen genannt und anschließend in die Handfläche als Bett gelegt. Nun streichen Sie die restlichen Finger als „Decke" über den Daumen.

✂ ┈┈

Eine kleine Gesichtsmassage

Bald wird geschlafen, es ist soweit, allmählich kommt die Schlafenszeit.	*mit beiden Händen mittig von der Stirn nach außen ausstreichen*
Deine Äuglein schließen sich nun,	*einmal mit den Handflächen von der Stirn über die Augen zum Kinn ausstreichen*
sie hatten heute so viel zu tun.	*mit den Zeigefingern von der Nasenwurzel um die Augen zu den Schläfen ausstreichen*
Als Nächstes an der Reihe dann, ist deine kleine Nase dran.	*Nase vom Nasenrücken zu den Wangen und um die Nasenflügel herum ausstreichen*
Auch die Muskeln von Mund und Wangen dürfen nun zu ruhen anfangen.	*über die Wangen bis zu den Schläfen ausstreichen (danach bis zum Kinn)*
Nun noch die Ohren, Schritt für Schritt, langsam wirst du wieder fit.	*die Ohren (oben beginnend) zu den Ohrläppchen hin mit zwei Fingern durchkneten*

Mit dieser „Denkmütze" (Ohrmassage / Kinesiologie) können Sie die Kinder wieder aktivieren und damit ihre Konzentration fördern.

BVK KI35 • Ilka Köhler: Sprachförderung mit Kindergartenkindern

Kleine Liedchen

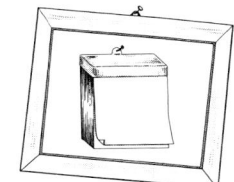

Diese Zweizeiler beinhalten jeweils sieben Silben pro Zeile und lassen sich gut auf die Melodie „Morgen kommt der Weihnachtsmann" singen. Die Strophe 2 a (Geburtstagsstrophe) kann, wenn ein Kind Geburtstag hat, an diesem Tag im Morgenkreis / zum Frühstück gesungen werden.

Mein Tag

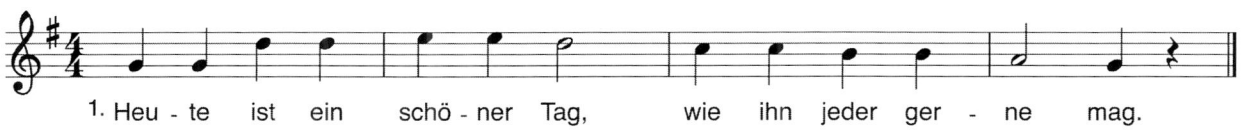

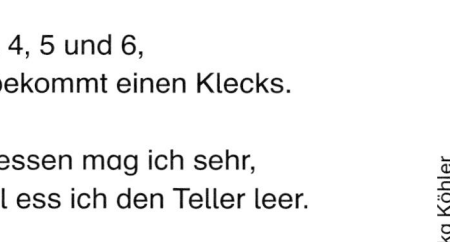

1. Heu - te ist ein schö - ner Tag, wie ihn jeder ger - ne mag.

2a. Heute ist Geburtstagsfest
und (der / die …) sich feiern lässt.

2b. Ja, mein Frühstück mag ich sehr,
schnell ess ich den Teller leer.

3. Hört mal zu und seid schön still,
weil ich euch was sagen will.

4. Schaut, die Sonne ist zu seh'n,
lasst uns jetzt spazierengeh'n.

5. Kinder zieht die Schuhe (Jacken) an,
in den Garten geh'n wir dann.

6. Kinder bringt das Spielzeug rein,
aufräumen muss auch mal sein.

7. Kinder räumt das Spielzeug ein,
Ordnung soll im Zimmer / Garten sein.

8. Seht mal in den Spiegel rein,
alle waschen sich jetzt fein.

9. Händewaschen ist jetzt dran,
dass ein jeder essen kann.

10. 1, 2, 3, 4, 5 und 6,
jeder bekommt einen Klecks.

11. Mittagessen mag ich sehr,
schnell ess ich den Teller leer.

12. Kommt ihr Lieben, seht mal her,
Zähneputzen ist nicht schwer.

13. Lasst uns noch ein Buch anseh'n,
dann könnt ihr ins Bettchen geh'n.

14. Kuschelt euch ins Bettchen rein,
alle Kinder schlafen fein.

15. Liebe Kinder, aufgewacht,
seht die Sonn' am Himmel lacht.

16. Mit dem Spielen ist jetzt Schluss,
weil (der / die …) nach Hause muss.

3 / 4

Text: Ilka Köhler
Melodie: traditionell nach „Morgen kommt der Weihnachtsmann"

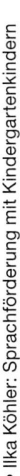

Tagesabläufe

Mit Hilfe dieser Kopiervorlage können Sie mit den Kindern die Abläufe beim
Anziehen besprechen. Was folgt aufeinander? Wie ist die richtige Reihenfolge?
Die Kinder versuchen im Anschluss, die Karten als Legespiel selbstständig in
die richtige Reihenfolge zu legen und die Reihenfolge zu erklären.

1. An- / Ausziehen

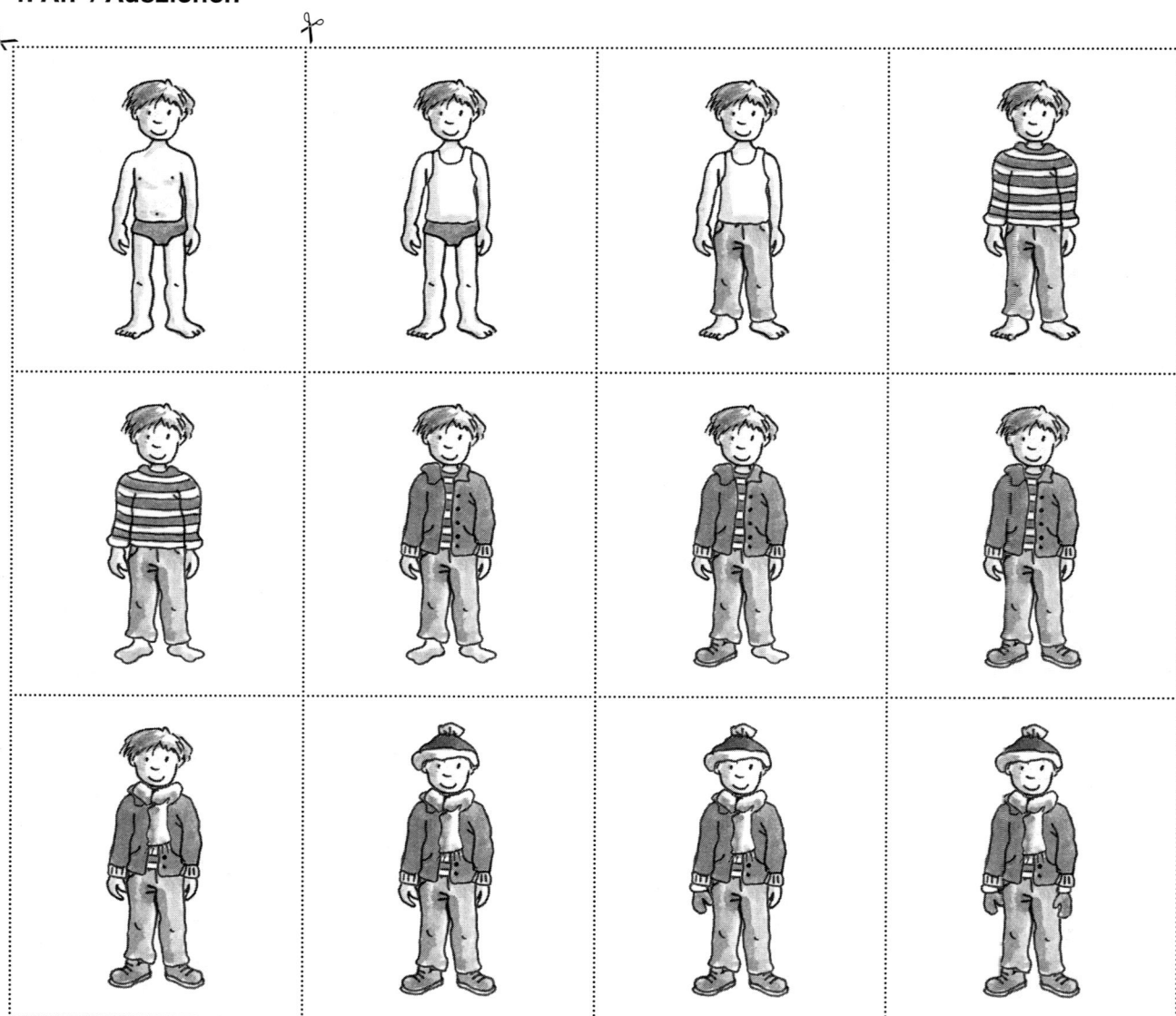

2. Tagesablauf

Für den Tagesablauf können Sie passende Plättchen aus den Spieleplättchen von der
Seite 30 auswählen und mit diesen, wie oben, einen Ablauf mit den Kindern besprechen.
Mit größeren Kindern ist es auch möglich, gemeinsam mit den Kindern die individuell
passenden Plättchen auszuwählen, zu kopieren, anzumalen, auszuschneiden und so
den persönlichen Tagesablauf der Kinder zu gestalten (z. B. auf der Portfolioseite s. S. 33).
Anschließend sollen die Kinder ihren Freunden ihren persönlichen Tagesablauf vorstellen.
So schulen Sie das freie Sprechen vor anderen und die Kinder lernen mit Ihrer Hilfe – je nach
Altersstufe – unterschiedliche Satzanfänge und Verben zu verwenden.

Memo-Spiel mal anders

Material:
Spielplättchen von Seite 30 (angemalt und ausgeschnitten), 1 Farbwürfel, 6 farbige (passend zu den Farben des Würfels) Becher (oder einfarbige Becher mit einem farbigen, ausgemalten Punkt auf dem Boden des Bechers)

Spielanleitung:
Alle Spieleplättchen werden sichtbar verteilt. Anschließend werden sechs Plättchen mit je einem Becher verdeckt. Die Kinder müssen sich merken, welches Bild sich unter welchem Becher befindet. Nun geht es reihum, jedes Kind darf würfeln und sagt dann, welches Bild sich unter dem Becher mit der gewürfelten Farbe verbirgt. Dann wird unter den Becher geschaut. Ist es das richtige Bild, darf das Kind das Plättchen nehmen und den Becher über ein anderes Bild stülpen. Wer die meisten Plättchen ergattert hat, ist der Sieger.

  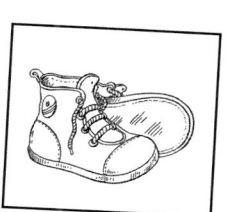 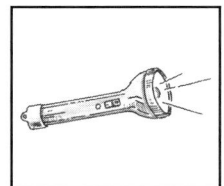

✂ ....

Geschichten erfinden

Material:
Spielplättchen von Seite 30 (angemalt und ausgeschnitten)

Spielanleitung:
Bei diesem Spiel ist Kreativität, Wortschatz und Zuhören gefragt. Es können mehrere Kinder mitspielen. Setzen Sie sich mit den Kindern gemütlich auf den Boden. Jedes Kind der Gruppe bekommt eine bestimmte Anzahl (je nach Alter der Kinder) an Plättchen ausgeteilt.
Zu diesen Plättchen soll das Kind nun eine kleine Geschichte erfinden, wobei jedes Wort der Plättchen darin vorkommen soll. Die Plättchen können dabei wie ein roter Faden nebeneinander auf den Boden gelegt werden. So können die Zuhörer überprüfen, ob alle Wörter / Szenen in der Geschichte vorkommen. Am besten beginnen Sie und zeigen den Kindern, wie das Spiel funktioniert.

Spielplättchen

Wochenhopse

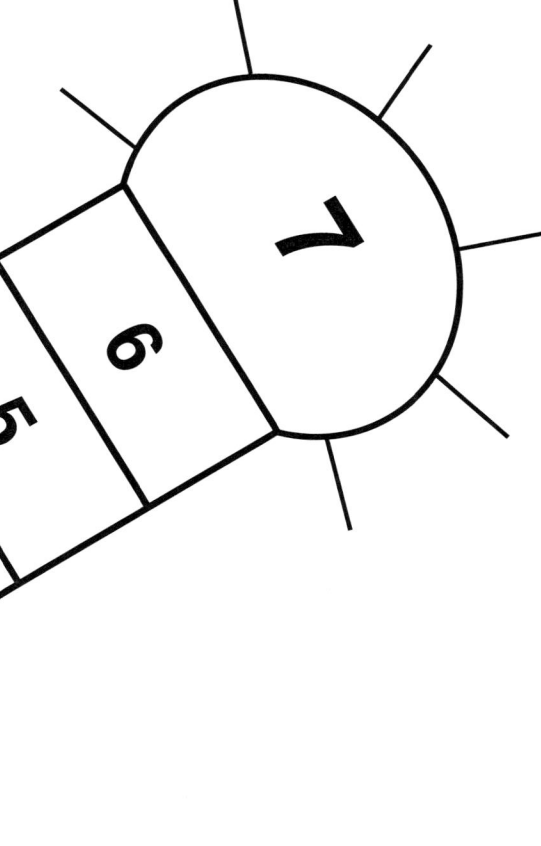

Material:
Straßenmalkreide

Spielanleitung:

1. Für dieses Spiel malen Sie mit Straßenmalkreide sechs viereckige Felder hintereinander auf den Boden. Den Abschluss bildet ein halbrundes Feld. Alle Felder werden durchnummeriert von 1 – 7. (Dabei werden die Kinder gleichzeitig mit dem Schriftbild der Zahlen vertraut – bei Bedarf können Sie natürlich auch die Mengenpunkte verwenden.)
Feld 1 ist der erste Tag der Woche – Montag. (Sie können auch noch einen kleinen Mond in das Feld malen.) So geht es weiter bis Feld 7. Der Halbkreis ist Sonntag und bekommt deshalb auch noch Sonnenstrahlen als Verzierung.

2. Die Kinder springen nacheinander in die Felder und benennen dabei die Ziffern / Wochentage in der richtigen Reihenfolge. Sie können auch die Reihenfolge rückwärts von 7 bis 1 und von Sonntag bis Montag üben.

Varianten:

1. Die Kinder springen schnell auf einem Bein bis zum Sonntag, dort dürfen sie sich ausruhen (Sonntag ist schließlich ein Ruhetag), um anschließend wieder auf einem Bein zurückzuhopsen.

2. Die Kinder springen beidbeinig und werfen bei jedem Durchgang einen Stein, welchen sie jedes Mal ein Feld weiterwerfen. Gelingen dem Kind alle Durchgänge ohne Fehler (Übertreten oder eine Linie berühren), darf es seinen Stein behalten. Wer hat am Ende die meisten Steine?

Quatschgeschichte

Diese Geschichte können Sie den Kindern vorlesen und gemeinsam mit ihnen die passenden Wörter einsetzen. Sind die Kinder noch kleiner, können Sie sich auch auf einige leicht zu erkennende Wörter beschränken. Meist sind die Kinder sehr begeistert von solchen Quatschgeschichten und rufen die richtigen Wörter schon laut heraus. Besprechen Sie deshalb vorher, wie die Kinder reagieren sollen, wenn sie ein falsches Wort hören (z. B. indem sie laut „Fehler" rufen).

Liebe Kinder,
ich muss euch heute einmal erzählen, was mir gestern so alles passiert ist. Manchmal bin ich allerdings etwas durcheinander. Ich hoffe, ihr könnt mir dabei helfen, die richtigen Worte zu finden. So, ihr Lieben, jetzt geht es los:

Gestern **Abend** bin ich ganz früh aufgestanden.	*Morgen*
Da war ich noch sehr müde und **schmatzte** einmal herzhaft.	*gähnte*
Dann zog ich meinen Schlafanzug **an.**	*aus*
und zog mir meine Hose und den Pullover **aus.**	*an*
Mit meinen Hausschuhen an den **Händen** ging ich in die Küche.	*Füßen*
Dort stand schon mein **Mittagessen** auf dem Tisch.	*Frühstück*
Nach dem Essen putzte ich mir dann die **Augen** …	*Zähne*
… und wusch meine **Zähne.**	*mein Gesicht*
Anschließend kämmte ich mir meine **Ohren.**	*Haare*
So sauber und ordentlich **holte** mich Papa **vom** Kindergarten **ab.**	*brachte / zum / hin*
Dort **verabschiedete** ich meine Freunde und die Erzieherin.	*begrüßte*
Endlich konnte der Spielspaß **aufhören.**	*beginnen*
Auf der Schaukel **buddelte** ich hoch in die Luft …	*schaukelte*
… und im Sandkasten **schaukelte** ich im Sand.	*buddelte*
Doch als der Kindergartentag **begann,** holte mich Mama wieder ab.	*vorbei war*
Am Nachmittag **brachten** wir unser Brot **zum** Bäcker …	*holten / vom*
Das frische Brot durfte ich danach zum **Frühstück** essen.	*Abendbrot*
Nach dem Essen putzte ich mir wieder die **Augen** …	*Zähne*
… und zog den Schlafanzug **aus.**	*an*
Als ich schön eingekuschelt in meinem Bett lag, sagten Mama und Papa noch: „**Guten Morgen!**"	*Gute Nacht!*

Ja Kinder, so schnell geht ein Quatschtag vorbei.

Mein Tagesablauf

Name: _____

Datum: _____

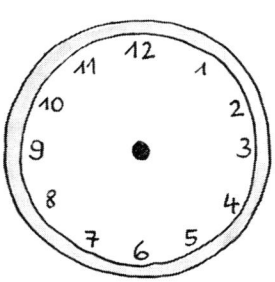

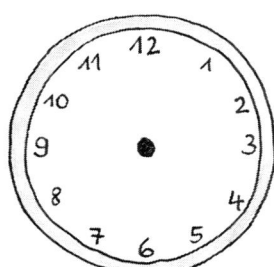

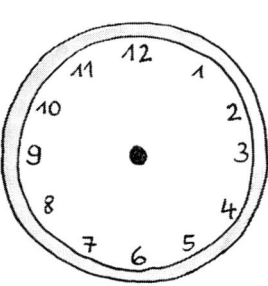

BVK Kl35 • Ilka Köhler: Sprachförderung mit Kindergartenkindern

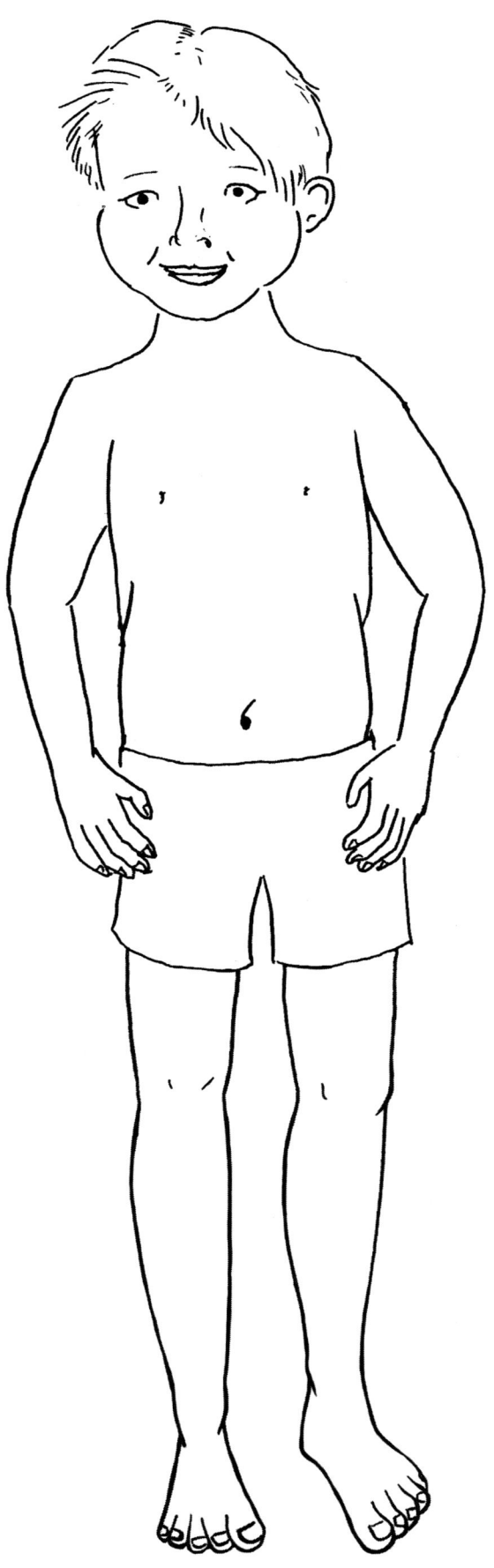

Einsatzmöglichkeiten des Erzählbildes

Mein Körper

Frage zum Bild:
• Welche Körperteile des Jungen kannst du benennen?

Grammatik:
• Verben: Was kannst du mit den einzelnen Körperteilen machen? (Füße – stampfen, hüpfen; Hände – klatschen, winken; Beine – springen, laufen, rennen, klettern; Augen – zwinkern, öffnen und schließen, blinzeln …)
• Was habe ich zweimal? Singular und Plural: Indem die Kinder benennen, welche Körperteile sie zweimal (oder mehrmals) haben, können Sie überprüfen, inwieweit die Kinder die richtigen Pluralformen kennen (1 Auge – 2 Augen, 1 Finger – 5 Finger, 1 Zehe – 5 Zehen, 1 Hand – 2 Hände …).

Wortschatzerweiterung / Erzählanlässe:
• Wie pflege ich meinen Körper?: Fragen Sie die Kinder, wie sie ihren Körper pflegen (Haare – kämmen, Zähne – putzen, Hände – waschen, Fingernägel – schneiden, Nase – putzen …)
• Weitere Körperteile: Fragen Sie die Kinder, ob sie noch weitere Körperteile / Wörter rund um den Körper kennen (Genitalien, innere Organe, Muskeln, Blut …)
• Beim Kinderarzt: Jedes Kind war sicher schon einmal beim Kinderarzt oder hatte eine Krankheit. Lassen Sie die Kinder von ihrem letzten Besuch beim Kinderarzt berichten und spielen Sie im Anschluss ggf. ein Rollenspiel zum Thema „Besuch beim Kinderarzt". Hierbei können Sie auch die Wörter für „typische" Kinderkrankheiten (Bauchschmerzen, Husten, Schnupfen, Arm gebrochen …) thematisieren. Alternativ kann auch von einem Zahnarztbesuch berichtet werden.

ab 3

Fingerspiel

Mein Körper

5 Finger

5 kleine Finger sind an jeder Hand,
sie toben herum außer Rand und Band.

5 Finger zappeln ganz lustig und munter,
zappeln herum, immer rauf und runter.

5 Finger zappeln mal hin und mal her,
ja, das Zappeln fällt ihnen gar nicht schwer.

Doch jetzt sind sie müde und müssen nach Haus,
so ruh'n sich fünf Finger als Fäustchen nun aus.

schnell mit den Fingern an beiden Händen wackeln

mit den Fingern hoch in die Luft und dann zum Boden hin zappeln

mit den Fingern nach links und nach rechts zappeln

Fäuste machen und leise „psst" sagen

3/4

Tipp:
Dieses Fingerspiel dient nicht nur der Sprachförderung, sondern mit seiner Hilfe können die Muskeln der kleinen Finger nach einer anstrengenden Mal- oder Knetübung wieder herrlich gelockert werden.

BVK Kl35 • Ilka Köhler: Sprachförderung mit Kindergartenkindern

Ein Zehenspiel

Mein Körper

Eins-zwei-drei-vier-fünf, wir ziehen aus die Strümpf'.	*mit der Hand über den Spann streichen* *dann die Strümpfe ausziehen*
Schon sehen wir fünf Perlen klein, das müssen wohl die Zehen sein.	*mit dem Zeigefinger auf jeden Zehen-* *nagel tupfen und dabei mitzählen*
Ein großer und ein kleiner und in der Mitte einer.	*mit dem Pinzettengriff am großen,* *kleinen und mittleren Zeh zupfen*
Auch die Nummern zwei und vier wackeln lustig ohne Strümpfe hier.	*beide Zehen anfassen und ein wenig* *daran wackeln*
Jetzt machen wir es richtig fein und cremen dir dein Füßchen ein.	*den ganzen Fuß behutsam eincremen*
Nun zählen wir nochmal bis fünf und ziehen wieder an die Strümpf'.	*mit dem Zeigefinger auf jeden Zehen-* *nagel tupfen und dabei mitzählen*

Hinweis:

Das Zehenspiel wird erst mit dem einen und dann mit dem anderen Fuß durchgeführt.
Es eignet sich auch schon sehr gut für kleinere Kinder. Dann übernehmen Sie den aktiven Part.

3/4

✂ ....

Lieder für die Turnhalle

Mein Körper

Lied vor sportlichen Aktivitäten:

1-2-3, zum Sport kommt schnell herbei,
linkes Bein, rechtes Bein,   *(Beine schütteln)*
wir wollen ganz beweglich sein,
1-2-3, zum Sport kommt schnell herbei.

1-2-3 zum Sport kommt schnell herbei,
linker Arm, rechter Arm,   *(Arme und Hüfte schütteln)*
wir schütteln einmal durch den Darm,
1-2-3 zum Sport kommt schnell herbei.

Lied nach sportlichen Aktivitäten:

1-2-3, der Sport ist jetzt vorbei,
linkes Bein, rechtes Bein,   *(Beine schütteln)*
alle Kinder hören fein,
1-2-3, der Sport ist jetzt vorbei.

4/5

1-2-3, der Sport ist jetzt vorbei,
linker Arm, rechter Arm,   *(Arme schütteln)*
alle Muskeln sind nun warm,
1-2-3, der Sport ist jetzt vorbei.

BVK Kl35 • Ilka Köhler: Sprachförderung mit Kindergartenkindern

Singspiel

Die Haare kämm ich dir ...

1. Die Haa-re kämm ich dir jetzt fein, dir jetzt fein, dir jetzt fein, die

Haa-re kämm ich dir jetzt fein, dir jetzt fein.

2. Die Hände / Füße / Ohren wasch ich dir jetzt rein …
3. Ich crem' dir jetzt die Nase / Arme / den Rücken ein …
4. Die Zähne / Nase putz ich dir jetzt fein …
5. Jetzt setz ich dir die Mütze / Brille ab / auf …
6. Nun zieh ich dir die Schuhe / Jacke / Hose aus / an …
7. Nun leg ich dich ins Bett hinein …
8. Gleich schläft das Kindchen glücklich ein …

Text: Ilka Köhler
Melodie: traditionell nach „Dornröschen war ein schönes Kind"

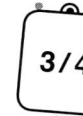

3 / 4

Spielanleitung:

Für dieses Lied gibt es drei Schwierigkeitsstufen, welche Sie dem Können und dem Alter der Kinder nach auswählen können. Zudem können die Strophen je nach Bedarf ausgewählt werden und müssen nicht chronologisch in der vorgegebenen Reihenfolge gesungen werden.

Für die Kleinsten: Sie singen den kleinen Kindern während des Tagesablaufes (beim Waschen / Kämmen …) diese Verse immer wieder vor.

Für die Älteren: Die Kinder singen gemeinsam mit Ihnen dieses Lied und gestalten es als Kreistanzspiel. Ein Kind singt eine Strophe vor und die anderen Kinder machen die jeweiligen Bewegungen dazu.
Die Kinder singen das Lied gemeinsam mit Ihnen, sollen dabei aber die Personalpronomen und Verben verändern, zum Beispiel:

aus „Die Haare kämm ich dir jetzt fein."
wird „Die Haare kämm ich mir jetzt fein."
oder „Die Haare kämmst du dir jetzt fein."

aus „Die Hände wasch ich dir jetzt rein."
wird „Die Hände wasch ich mir jetzt rein."
oder „Die Hände wäschst du dir jetzt rein."

Tipp:

Die Strophen beinhalten jeweils acht Silben und lassen sich auf die Melodie von „Dornröschen war ein schönes Kind" singen. Dichten Sie mit den Kindern noch weitere Strophen dazu.

Zwei Memo-Spiele

1. Foto-Memo-Spiel:

Für dieses Spiel benötigen Sie jeweils zwei Fotos von den Gesichtern / Kindern der Gruppe, ggf. laminiert.

Da die Gesichter der Gruppenkinder bekannt sind, bekommen die Mitspieler einen neuen Bezug zu diesem Memo-Spiel. Die Kinder können nun Gesicht, Name und eventuell auch den Gefühlsausdruck auf dem Gesicht des Kindes miteinander verbinden. Beim Memo-Spiel sollte jede aufgedeckte Karte von den Kindern benannt werden. Hierfür sollten vorher Regeln festgelegt werden, zum Beispiel ob nur der Name des Kindes benannt werden soll oder der Name und das Geschlecht, die Haarfarbe, Augenfarbe, der Gefühlsausdruck auf dem Foto …

2. Körperteil-Memo-Spiel:

Für dieses Spiel benötigen Sie jeweils zwei Fotos von verschiedenen Körperteilen der Kinder. Für eine längere Verwendungsdauer bietet es sich ebenfalls an, diese zu laminieren. Durch die Fotos von ihren Körperteilen wird auch diese Spielvariante für die Kinder zu einer neuen Erfahrung. Es fällt ihnen häufig wesentlich leichter, die Fotos ihren eigenen Körperteilen zuzuordnen als bei gezeichneten Erwachsenenbildern. Beim Aufdecken der Karten sollten die Körperteile benannt werden. Je nach Altersstufe kann auch noch der Artikel hinzufügt werden oder die Kinder müssen den jeweiligen Körperteil an sich zeigen oder benennen, wie oft sie diesen Körperteil haben.

Mein Körper

3 / 4

✂ ....

Körperpuzzle

Mein Körper

3 / 4

Material:

Kopiervorlage „Körperpuzzle" (s. S. 39), 1 Schere, ggf. 1 Spiegel

Vorbereitung:

Kopieren Sie die Vorlage (ggf. vergrößert) und schneiden Sie sie auseinander. Sie können diese in drei Schwierigkeitsgraden vorbereiten, welche dem Können und dem Alter der Kinder nach gewählt werden kann:

1. 3 / 4 Jahre: Haare, Kopf mit Hals und Ohren, Rumpf, Arme mit Händen und Fingern, Beine mit Füßen
2. 4 / 5 Jahre: Haare, Kopf mit Hals, Ohren, Rumpf, Arme, Hände mit Fingern, Beine, Füße
3. 5 / 6 Jahre: Haare, Kopf, Hals, Ohren, Brust, Bauch, Arme, Hände, Finger, Beine, Füße

Spielanleitung:

Die Kinder sollen versuchen, die Puzzle-Körperteile richtig zusammenzulegen (keine Kopffüßler etc.). Bei Bedarf können Sie den Kindern auch Spiegel zur Verfügung stellen. Anschließend können Sie das fertige Puzzle und die Bezeichnungen für die einzelnen Körperteile mit den Kindern besprechen.

Körperpuzzle

Mein Körper

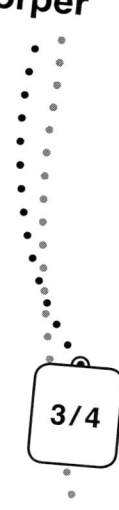

3/4

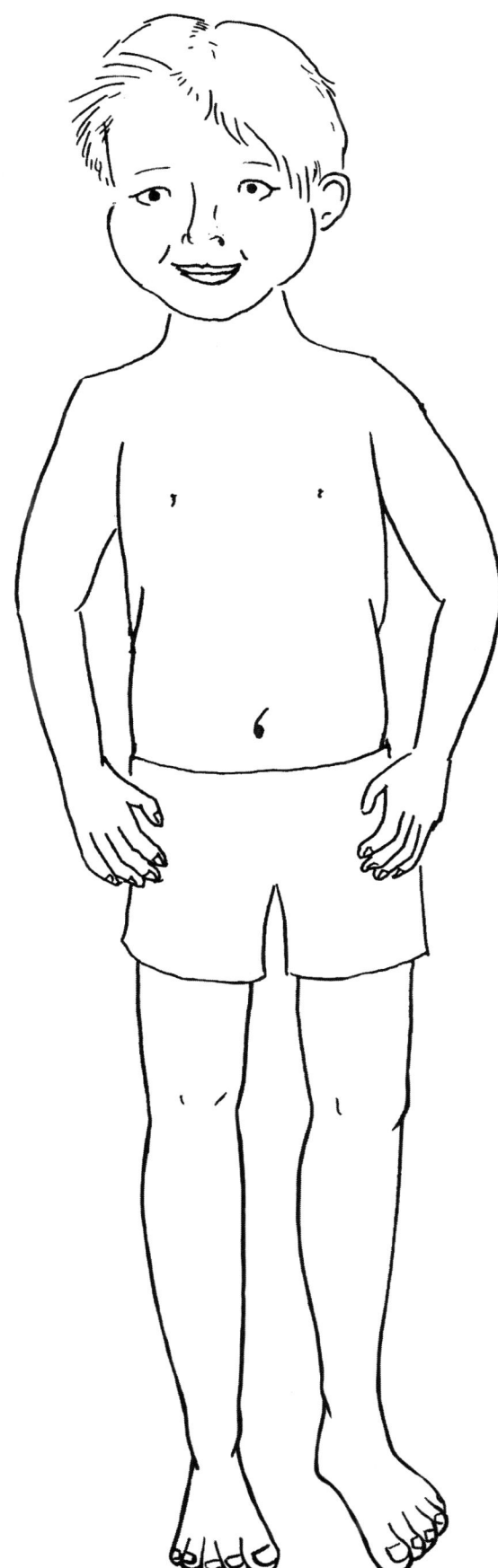

BVK KI35 • Ilka Köhler: Sprachförderung mit Kindergartenkindern

Reim „Hampelmann"

Dieser Reim ist für 14 Kinder geschrieben. Haben Sie mehr Kinder in Ihrer Gruppe, können auch zwei Namen gleichzeitig genannt werden. Sind es weniger, können Sie den Reim entweder kürzen oder Kinder doppelt nennen. Zur Sprachförderung bietet es sich an, wenn Sie im Vorfeld die unterschiedlichen Bewegungsformen des Hampelreims mit den Kindern besprechen. Wenn Sie den Hampelreim ein paar Mal mit den Kindern gespielt haben, können Sie die Reimwörter am Zeilenende auch weglassen und die Kinder sprechen sie selbst / gemeinsam als Gruppe. Beginnen Sie mit: „Na, das sind ja dolle Sachen, die die Kinder hier so machen ..."

4/5

1	Seht euch mal den / die *(Kindername einsetzen)* an, wie er / sie lustig hampeln **kann.**	*das genannte Kind macht eine freie Hampelbewegung nach Lust und Laune*
2	Der / die ... hampelt auch ganz munter, er / sie hüpft immer rauf und **runter.**	*das genannte Kind hockt, macht mehrere Hockstrecksprünge*
3	Jetzt zeigt uns ... was er / sie kann und macht für uns den Hampel**mann.**	*das genannte Kind macht mehrere Hampelmänner*
4	Nun müssen sie erstmal verschnaufen, dafür sehe ich ... **laufen.**	*das genannte Kind macht Laufbewegungen auf der Stelle*
5	Der schnelle Läufer bleibt nun steh'n und der / die ... kann sich **dreh'n.**	*das genannte Kind dreht sich mehrmals um die eigene Achse*
6	Der / die ... hampelt kreuz und quer, springt ganz lustig hin und **her.**	*das genannte Kind springt mehrmals beidbeinig hin und her*
7	Auch unser / e ... hampelt mit, er / sie hält sich mit Kniebeugen **fit.**	*das genannte Kind macht mehrere Kniebeugen*
8	Und nun ist unser / e ... dran, er / sie fängt mit Liegestützen **an.**	*das genannte Kind macht mehrere Liegestütze*
9	Seht her, der / die ... ist auch voll Fleiß, er / sie watschelt einmal durch den **Kreis.**	*das genannte Kind watschelt einmal im Entengang durch den Kreis*
10	Der / die ... sieht recht lustig aus, fährt mit dem Fahrrad weit **hinaus.**	*das genannte Kind fährt im Liegen mit den Beinen Fahrrad*
11	Was wir nun sehen, das ist ja dolle, der / die ... macht 'ne tolle **Rolle.**	*das genannte Kind macht eine Vorwärts- oder Rückwärtsrolle*
12	Der / die ... beginnt, mit uns zu hampeln, kann lustig mit den Beinen **strampeln.**	*das genannte Kind strampelt im Liegen mit erhobenen Beinen*
13	Was macht denn unser / e ... da, hebt die Knie ganz wunder**bar.**	*das genannte Kind hebt abwechselnd die Knie zum gegenüberliegenden Ellenbogen*
14	Der / die ... hampelt immer mehr und dreht die Arme hin und **her.**	*das genannte Kind steht, dreht mit ausgestreckten Armen den Oberkörper*
15	So, ihr Lieben, nun ist Schluss, zum Abschied gibt es einen Kuss. *oder:* So, ihr Lieben, nun ist Schluss, jetzt winken alle noch zum Gruß.	*alle Kinder im Kreis machen einen Handkuss (Kuss in die Handinnenfläche)* *alle Kinder im Kreis winken zum Abschied mit den Händen*

Bewegungsspiel

Der Spiegel

Mein Körper

Für dieses Spiel benötigen Sie ein Kind als Ansager und mindestens ein weiteres Kind als Spiegelfigur. Das Spiel kann also sowohl als Partnerspiel als auch für eine Kindergruppe genutzt werden.

Der Ansager erklärt seinen Spiegelfiguren, wie er sich gerade hingestellt hat. Nun sollen die Spiegelfiguren seinen Anweisungen folgen und sich ebenso aufstellen. Je nach Sprachstand und Alter der Kinder können die Anweisungen variieren, zum Beispiel:

1. Es wird nur eine einfache Übung vorgegeben: „Ich stehe auf einem Bein."
2. Es wird eine konkrete Anweisung vorgegeben: „Ich stehe auf dem linken Bein."
3. Es werden mehrere Anweisungen vorgegeben: „Ich stehe auf dem linken Bein und fasse mit beiden Händen auf meinen Bauch."
4. Es wird ein Bewegungsablauf vorgegeben: „Ich beuge mich vor, berühre mit den Händen den Boden und stelle mich dann auf mein linkes Bein."

Bei jüngeren Kindern können die Ansager diese Stellung zusätzlich auch selbst einnehmen.

4 / 5

Mundmotorikübung (Plättchenspiel) (1)

Mein Körper

Hierbei handelt es sich um spielerische Übungen, die das gezielte Saugen und somit die Mundmotorik der Kinder fördern sollen.

Material:
Kopiervorlage „Körperteile" (s. S. 42), 1 Schere, pro Kind 1 Strohhalm und eine Schachtel

Vorbereitung:
Kopieren Sie die Körperteile mehrfach und schneiden Sie sie aus. Bei diesem Spiel können unterschiedlich viele Kinder mitspielen. Ohne Wettkampfcharakter kann auch nur ein Kind diese spielerische Übung erproben. Jedes Kind benötigt einen Strohhalm und eine Schachtel. Außerdem müssen Sie für dieses Spiel mehrere farbige Plättchen vorbereiten.

Spielanleitung:
Die Körperteile werden auf dem Tisch verteilt. Mit dem Strohhalm sollen die Kinder nacheinander die Plättchen ansaugen und in ihre Schachtel transportieren.

4 / 5

Varianten:
• Die Kinder saugen an und transportieren gleichzeitig ein Körperteil nach dem anderen (Wettspiel).
• Kopieren Sie die Vorlage auf verschiedenfarbiges Papier. Jedes Kind muss die Körperteile in seiner Farbe einsammeln.

BVK KI35 • Ilka Köhler: Sprachförderung mit Kindergartenkindern

BVK KI35 • Ilka Köhler: Sprachförderung mit Kindergartenkindern

Körperreimspiel

Material:
Kopiervorlage „Reimwörter" (s. u.), 1 Schere, Stifte

Malen Sie die Kärtchen an und schneiden Sie sie aus. Die Kärtchen sollen wie bei einem
Memo-Spiel mit der bemalten Seite nach unten liegen. Sollten Ihnen einige der Wörter
noch zu schwierig erscheinen, lassen Sie diese Kärtchen weg.
Nun ist ein Kind an der Reihe, deckt ein Kärtchen auf und muss dazu ein Reimwort finden.
Fällt ihm ein Reimwort ein, bekommt es das Kärtchen und das nächste Kind ist an der Reihe.
Fällt ihm kein Reimwort ein, wird das Kärtchen wieder umgedreht und das nächste Kind ist
an der Reihe. Wer zum Schluss die meisten Kärtchen ergattern konnte, ist der Sieger.

*Beispielreime: Vase, Schwein, Schnee, Zange, Band, Wo, Schlauch, schade, warm, Pflaumen,
kochen, Ware, Hund, bücken, Schmalz, Zopf, nie, Mus, Hagel, Chor*

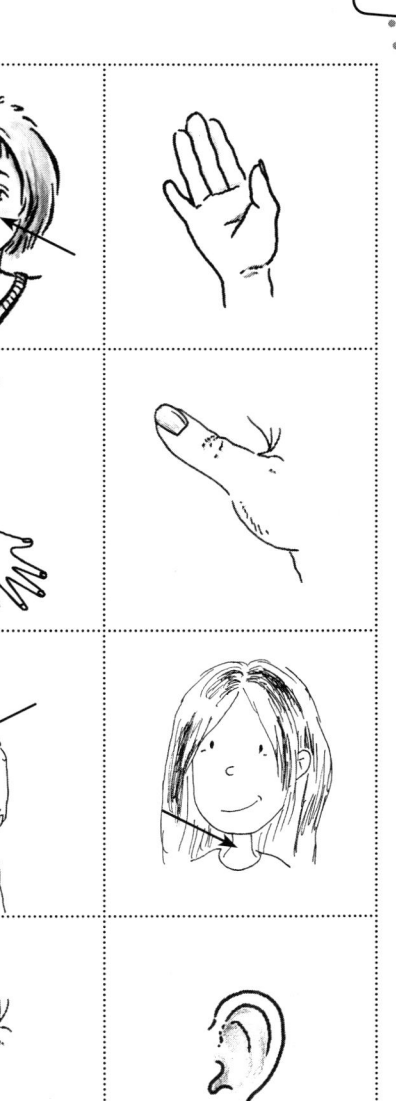

Mein Körper

Name: _____

Datum: _____

Größe: _____

Gewicht: _____

Kopfumfang: _____

Ohrlänge: _____

Nasenlänge: _____

Schulterbreite: _____

Bauchumfang: _____

Armlänge: _____

Handlänge: _____

kürzester Finger: _____

längster Finger: _____

Beinlänge: _____

Fußlänge: _____

kürzester Zeh: _____

längster Zeh: _____

Fingerabdruck:

ab 3

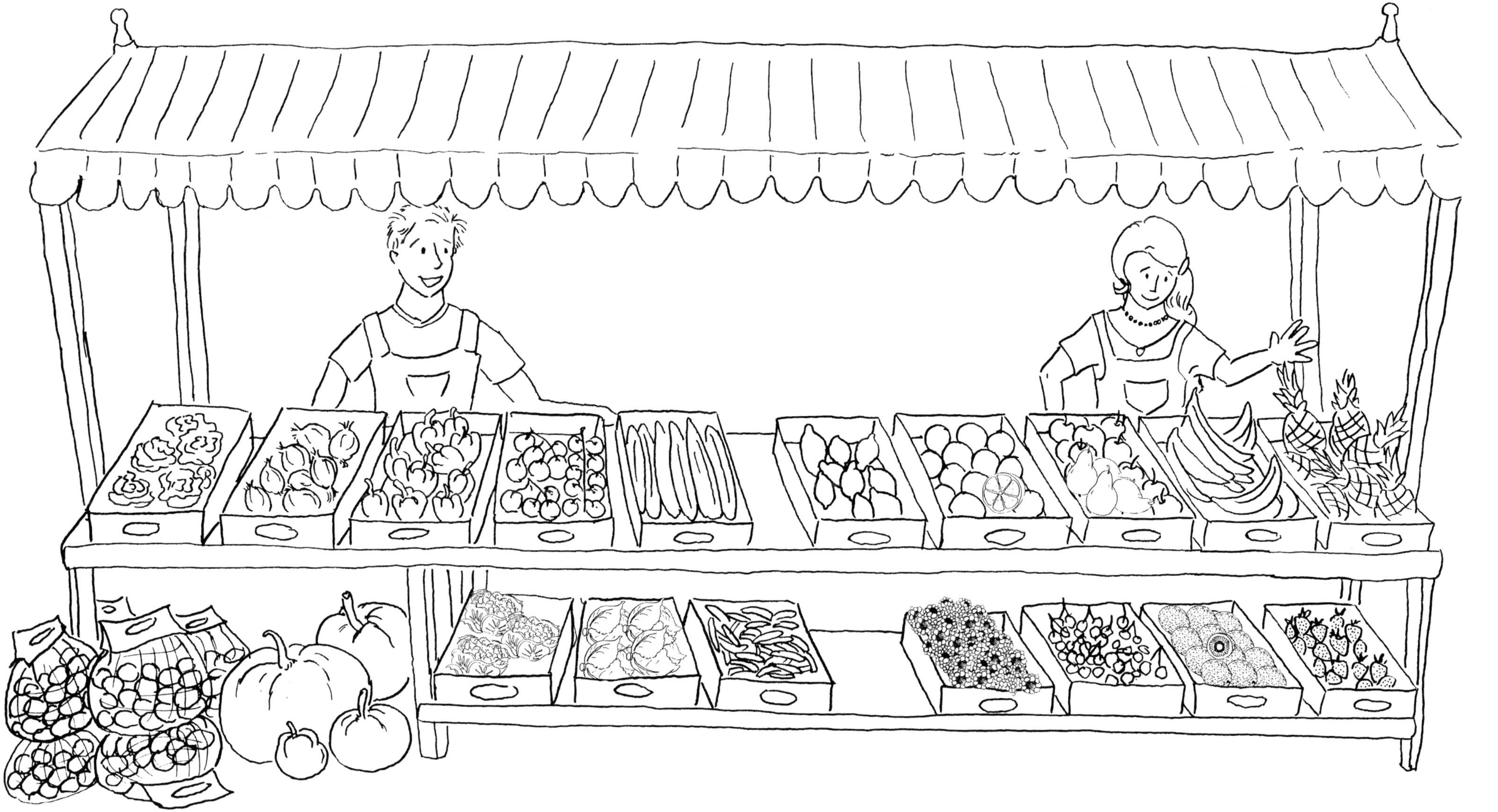

Einsatzmöglichkeiten des Erzählbildes

Fragen zum Bild / Reflexionsfragen:
- Welche Gemüsesorten verkauft der Mann?
- Welche Obstsorten verkauft die Frau?
- Welche der angebotenen Obst- / Gemüsesorten isst du gern?
- Wie sieht das Obst / Gemüse aus (Farbe, Form, Größe …)?

Grammatik:
- *Zahlen:* Vergrößern Sie das Bild auf DIN A3 und lassen Sie die Kinder zählen, wie viel Obst / Gemüse in den einzelnen Kästen noch übrig ist.
- *Farbwörter:* Bitten Sie die Kinder, die einzelnen Obst- und Gemüsesorten mit einem passenden Farbwort zu verbinden, zum Beispiel: die rote Himbeere, die gelbe Zitrone …
- *Adjektive:* Spielen Sie das Spiel „Welches Obst / Gemüse sehe ich?" Dazu beschreiben Sie eine Frucht / ein Gemüse („Mein Gemüse: Es ist grün. Es ist sehr lang und dünn." → die Gurke) und die Kinder müssen raten, worum es sich handelt. Nach ein paar Runden sollten nacheinander die Kinder die Rolle des Beschreibers übernehmen.

ab 3

Wortschatzerweiterung / Erzählanlass:
- *Einkaufen gehen:* Verteilen Sie die Rollen und die Kinder gestalten ein Rollenspiel zum Thema „Einkaufen auf dem Markt". Ein Kind ist der Verkäufer / die Verkäuferin und das andere kauft ein. Dabei können Sie die Kinder auch anregen, die Dialoge mit Adjektiven („große Äpfel"), Farbwörtern („grüne Äpfel") oder Zahlwörtern („drei Äpfel") auszuschmücken. Auch Höflichkeitsfloskeln („Ich hätte gerne …, bitte." – „Vielen Dank.") können thematisiert werden.

✂ ....

Tischsprüche

Als Ritual zu den Mahlzeiten bietet es sich an, dass Sie gemeinsam mit den Kindern einen Tischspruch sprechen.

Verschiedene Enden für die Tischsprüche:
- Piep, piep, piep, guten Appetit!
- 1, 2, 3, 4, 5, 6, 7 – guten Appetit ihr Lieben!

- Piep, piep, piep, wir haben uns alle lieb!

Mein Essen ist so lecker,
ein Brötchen vom Bäcker
und eine Suppe noch dazu,
alles ess' ich auf im Nu!

Das Kochen fällt mir noch recht schwer,
drum danke ich dem Koch / der Köchin sehr,
für dieses wunderbare Essen.
Zum Glück hat er / sie uns nicht vergessen.

Lecker, lecker Essen,
wir haben nichts vergessen,
Messer, Gabel, Teller, Latz,
alles ist an seinem Platz.

Obst und Gemüse mag ich sehr,
drum ess ich brav den Teller leer.

3 / 4

Lirum, larum Suppenschüssel,
der Elefant frisst mit dem Rüssel.
Wir Kinder nutzen das Besteck
und putzen unser Essen weg.

Rolle Reete, rote Beete,
wir feiern heute eine Fete.
Wir feiern heut in Saus und Braus
und schlemmen unseren Partyschmaus.

BVK Kl35 • Ilka Köhler: Sprachförderung mit Kindergartenkindern

Feinschmecker

Bei diesem Spiel sollen die Kinder mit verschiedenen Adjektiven in Bezug auf unsere Lebensmittel vertraut werden, zum Beispiel:

1. Temperaturen: heiß, warm, kalt, eisig, kälter – wärmer …
2. Volumina: leicht, schwer, leer, voll, mehr – weniger …
3. Geschmacksrichtungen: süß, sauer, salzig, bitter, fruchtig …
4. Geruch: süßlich, streng, eklig …
5. Beschaffenheit: körnig, luftig, trocken, feucht, breiig …
6. Farben: rot, grün …

Material:
mehrere Tassen, verschiedene Lebensmittel (s. u.)

Arbeitsanleitung:
Bauen Sie verschiedene Stationen mit Kostproben auf:

1. Bieten Sie Tassen mit unterschiedlich heißen Getränken an. Die Kinder sollen die Tassen berühren, vorsichtig trinken und die Temperatur benennen.

2. Stellen Sie unterschiedlich hoch gefüllte Tassen bereit. Die Kinder sollen die Tassen anheben bzw. hineinsehen und die Volumina benennen.

3. Besorgen Sie unterschiedliche Nahrungsmittelproben (Obst, Salzstange, Zitrone, Schokolade …). Die Kinder sollen davon kosten und die Geschmacksrichtungen benennen.

4. Bieten Sie verschiedene Gerüche (Kräuter, Gewürze, Früchte …) an. Die Kinder sollen daran riechen und versuchen, den Geruch zu benennen.

5. Stellen Sie den Kindern Lebensmittel in verschiedenen Beschaffenheiten (Brot, Quark, Mus …) bereit. Die Kinder sollen kosten und die Konsistenz benennen.

6. Legen Sie verschiedenfarbige Lebensmittel (Banane, Nuss, Petersilie …) aus. Die Kinder sollen sie betrachten und die Farben benennen.

Hinweis:
Für diese Stationen gibt es drei Schwierigkeitsgrade, welche Sie dem Können und dem Alter der Kinder nach wählen können.
a) Die Kinder sehen die Lebensmittelkostproben (ab 3 Jahren).
b) Die Kinder haben verbundene Augen (außer bei 6.) (ab 4 Jahren).
c) Die Kinder sollen die Proben jeweils miteinander vergleichen und somit die Adjektive steigern lernen. (Dieser Tee ist wärmer als der andere Tee.) (ab 5 Jahren)

Bei ganz kleinen Kindern können Sie erst einmal mit Gegensatzpaaren bei den einfachen Stationen beginnen (kalt – warm, leicht – schwer …). Nach und nach können dann weitere Stationen und Wörter hinzukommen.

Wer bin ich?

Material:
Kopiervorlage „Gemüse" oder „Obst" (s. S. 49), 1 Schere, ggf. Stifte

Vorbereitung:
Die Kopiervorlagen hochkopieren, ggf. ausmalen und für jedes Kind ein Kärtchen ausschneiden.

Spielanleitung:
1. Betrachten Sie die Bildkarten zunächst gemeinsam mit den Kindern: Welche Obst- / Gemüse-sorten sehen sie? Welche Sorten haben sie schon einmal gegessen / mögen sie …?
2. Im Anschluss bekommt jedes Kind ein Obst- oder Gemüsekärtchen. Vorsicht, das Kind darf nicht verraten, was sich darauf befindet.
3. Nun wird ein Kind ausgewählt. Es versucht, sein Obst / Gemüse so zu beschreiben, dass die anderen Kinder erraten können, worum es sich handelt. Ist das Wort erraten worden, kann das nächste Kind mit seiner Beschreibung beginnen. Sind die Kinder schon etwas älter, können Sie darauf achten, dass diese ihre Beschreibungen als Satz formulieren. Zudem können – je nach Gruppe – die Artikel zu den Gemüsesorten bestimmt werden.
Gehen Sie vor Beginn des Spieles gemeinsam mit den Kindern ein Beispiel durch, zum Beispiel Karotte: Ich bin orange. Ich bin lang. Ich wachse unter der Erde. Ich bin ein Gemüse. Ich bin die Nase des Schneemannes.

4/5

Mein rechter Platz

Ernährung

Material:
Kopiervorlage „Gemüse" oder „Obst" (s. S. 49), 1 Locher, 1 dickeren Faden, 1 Schere, Stifte, Stühle

Vorbereitung:
Die Kopiervorlagen hochkopieren, ggf. ausmalen und pro Kind ein Kärtchen ausschneiden.
In beide oberen Ecken je ein Loch stanzen und einen dickeren Faden (zum Umhängen) hindurchziehen.

Spielanleitung:
1. Bei diesem Spiel bekommt jedes Kind ein vorbereitetes Obst- oder Gemüseschild umgehängt. Jedes Bild darf dabei nur einmal verwendet werden. Es muss sich gut sichtbar vor der Brust des Kindes befinden.
2. Nun wird das beliebte Spiel „Mein rechter, rechter Platz ist frei …" gespielt, jedoch werden die Kinder nicht mit ihren Namen aufgerufen, sondern mit der jeweiligen Obst- / Gemüsesorte: „Mein rechter, rechter Platz ist frei, ich wünsche mir die Birne herbei."

Hinweis:
Achten Sie darauf, dass die Kinder – je nach Altersstufe – die richtigen Artikel verwenden und geben Sie ggf. Hilfestellung.

ab 3

BVK Kl35 • Ilka Köhler: Sprachförderung mit Kindergartenkindern

Kopiervorlage „Gemüse"

Kopiervorlage „Obst"

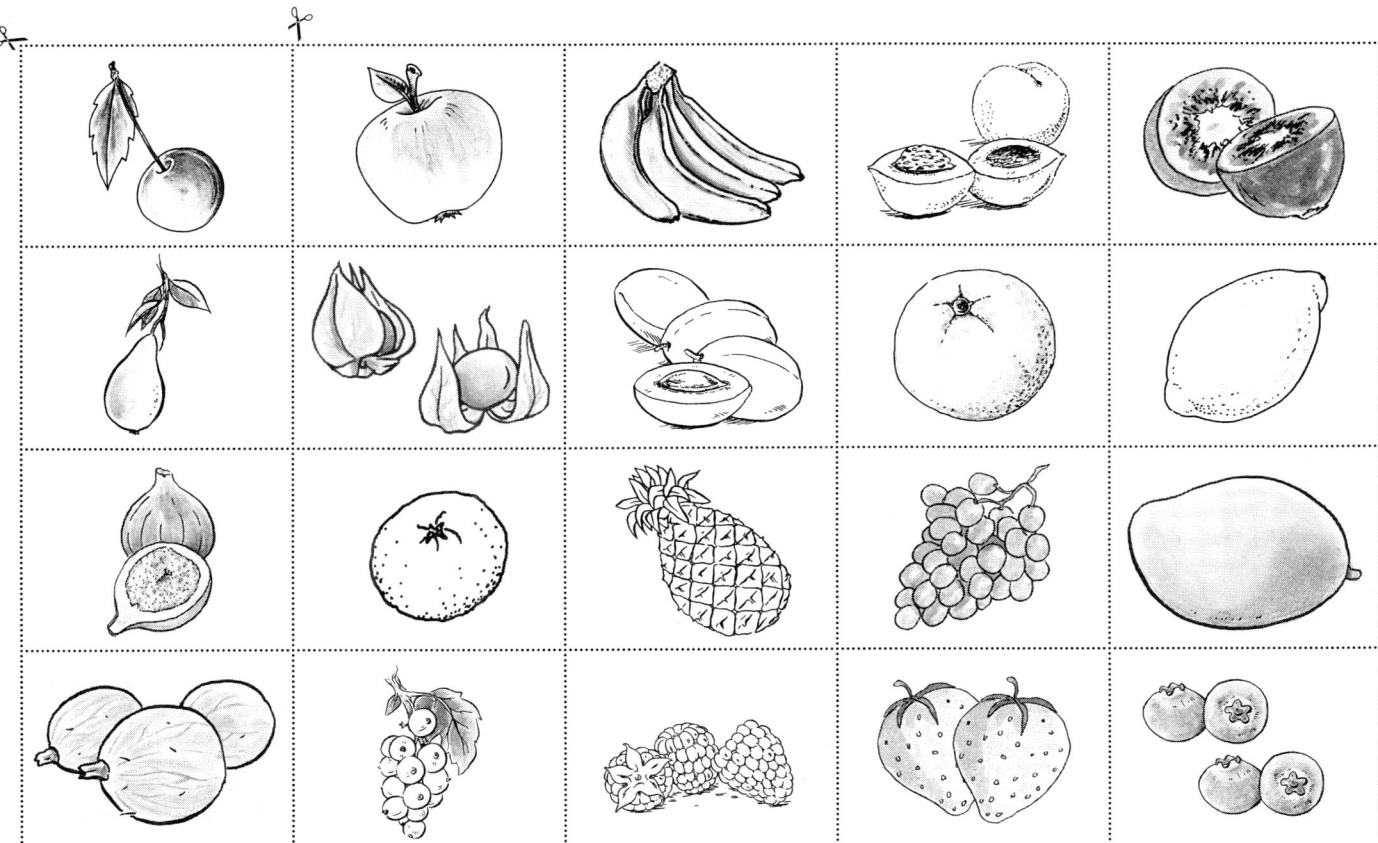

BVK KI35 • Ilka Köhler: Sprachförderung mit Kindergartenkindern

BVK KI35 • Ilka Köhler: Sprachförderung mit Kindergartenkindern

Obstwettlauf (1)

Material:
Spielplan (s. S. 51), Spielsteine (je einen pro Mitspieler), Spielwürfel (Kopiervorlage s. u.)
oder einen Farbwürfel (Apfel = grün, Kirsche = rot, Pflaume = lila, Banane = gelb,
Heidelbeere = blau, Orange = orange)

Spielanleitung:
Das Spiel ist für maximal sechs Kinder. Jedem Kind wird eine Obstsorte / eine Würfelfarbe
und eine Spielfigur zugeordnet. Nun wird reihum gewürfelt. Jedes Würfelergebnis sollte von
den Kindern benannt werden. Würfelt ein Kind sein zugeordnetes Obst / seine Farbe, darf
es seinen Spielstein ein Feld weiterrücken. Sieger ist, wer zuerst im Ziel (Obstkorb) ankommt.

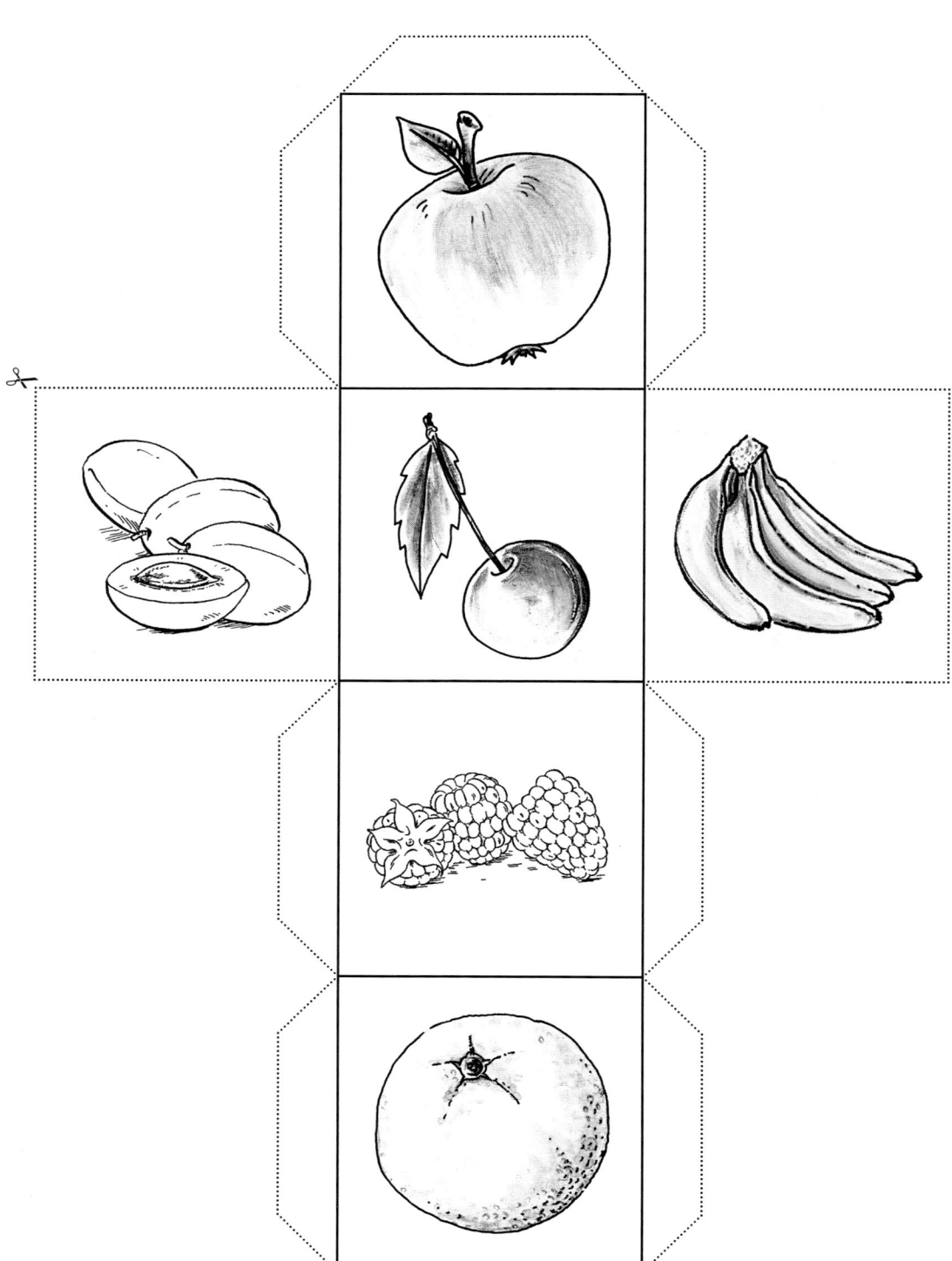

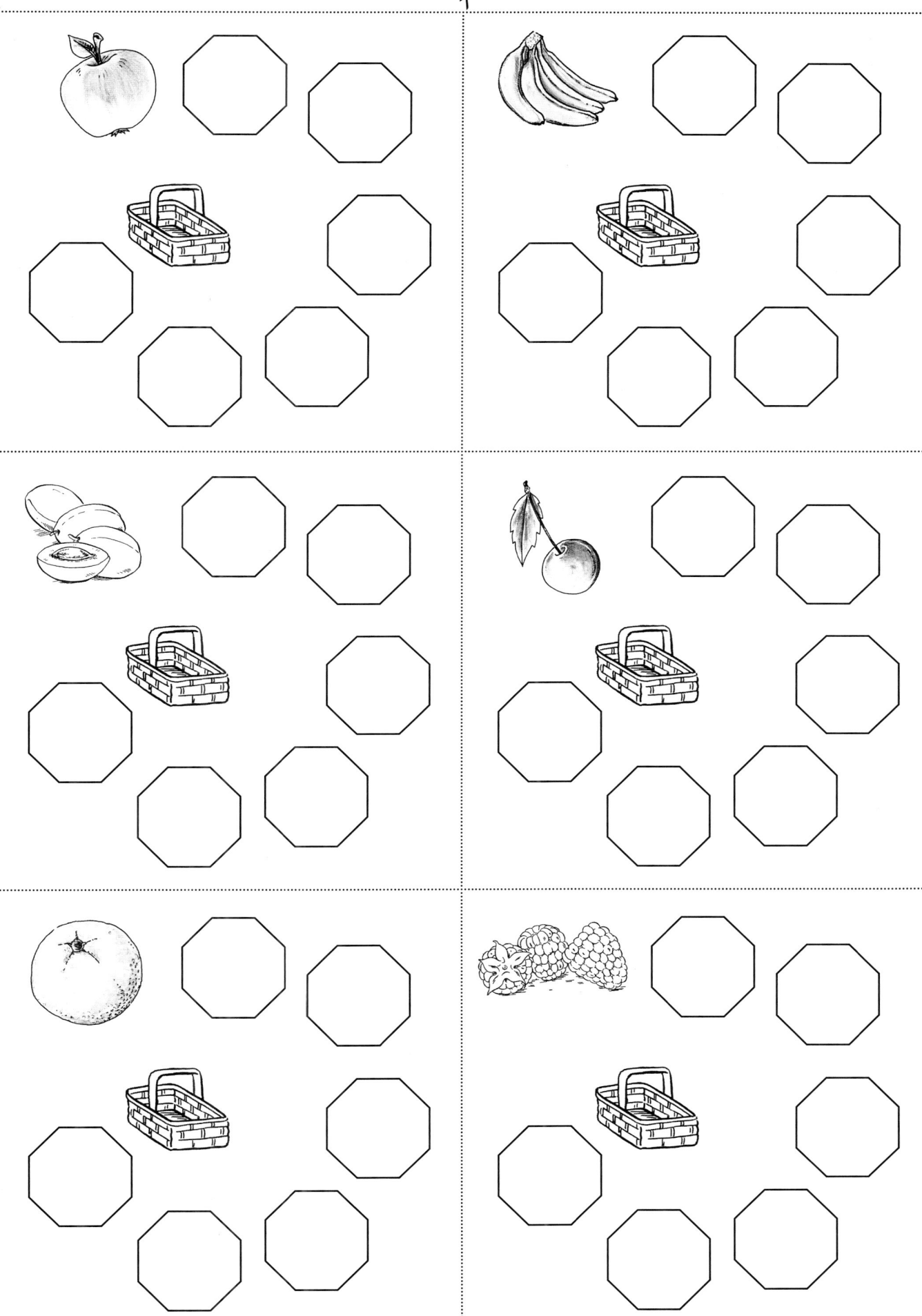

Obst-/Gemüsekorb

Material:
Kopiervorlage „Gemüse" oder „Obst" (s. S. 49), 1 Locher, Faden, 1 Schere, Stifte, Stühle

Vorbereitung:
Die Kopiervorlagen hochkopieren, ggf. ausmalen und für jedes Kind ein Kärtchen ausschneiden. In beide oberen Ecken je ein Loch stanzen und einen dickeren Faden (zum Umhängen) hindurchziehen.

Spielanleitung:
1. Bei diesem Spiel wird jedem Kind ein vorbereitetes Obst- oder Gemüseschild umgehängt. Dabei sollte jede Obst-/Gemüsesorte drei- bis viermal vorkommen. Dementsprechend weniger Sorten werden insgesamt benötigt. Das Schild muss sich gut sichtbar vor der Brust des Kindes befinden.
2. Die Kinder setzen sich in einen Stuhlkreis, allerdings muss ein Stuhl fehlen. Das Kind ohne Stuhl stellt sich in die Mitte des Kreises (= den Obst-/Gemüsekorb).

Nun ruft dieses Kind:
„Alle Erdbeeren wechseln ihren Platz."

Daraufhin müssen alle Kinder mit einem Erdbeerschild auf einen neuen Platz wechseln.
Bei diesem Wechselspiel versucht das Kind aus der Mitte, ebenfalls einen Platz zu ergattern.

Alternativ kann das Kind auch rufen:
„Der Korb kippt um!"

Dann müssen alle Kinder aufstehen und auf einen neuen Platz wechseln. Das Kind, welches keinen Stuhl abbekommt, muss in die Kreismitte gehen, und das Spiel geht weiter.

Variante:
Die Kinder sitzen auf ihren Stühlen und Sie sind der Rufer. Nun sollen die Kinder nicht den Platz, sondern ihre Bilder (in eine vorgegebene Richtung) wechseln, zum Beispiel:
„Alle Erdbeeren und Birnen wechseln (links herum)."
Die Erdbeeren und Birnen müssen nun ihre Bilder nach links weiterreichen, so lange bis jede Erdbeere eine Birne geworden ist und umgekehrt. Das gibt (spätestens nach der dritten Runde) ein ziemliches Durcheinander.
Hat sich jedes Kind gemerkt, welche Obst-/Gemüsesorte es vorher war? Wie schnell geht es, bis alle Kinder ein neues Bild in den Händen halten?

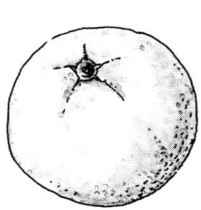

Suchbild „Lebensmittel" (1)

Suche und benenne alle Lebensmittel, die mit „K" beginnen.

BVK Kl35 • Ilka Köhler: Sprachförderung mit Kindergartenkindern

✂ ....

Suchbild „Lebensmittel" (2)

Suche und benenne alle Lebensmittel, die mit „Sp" beginnen.

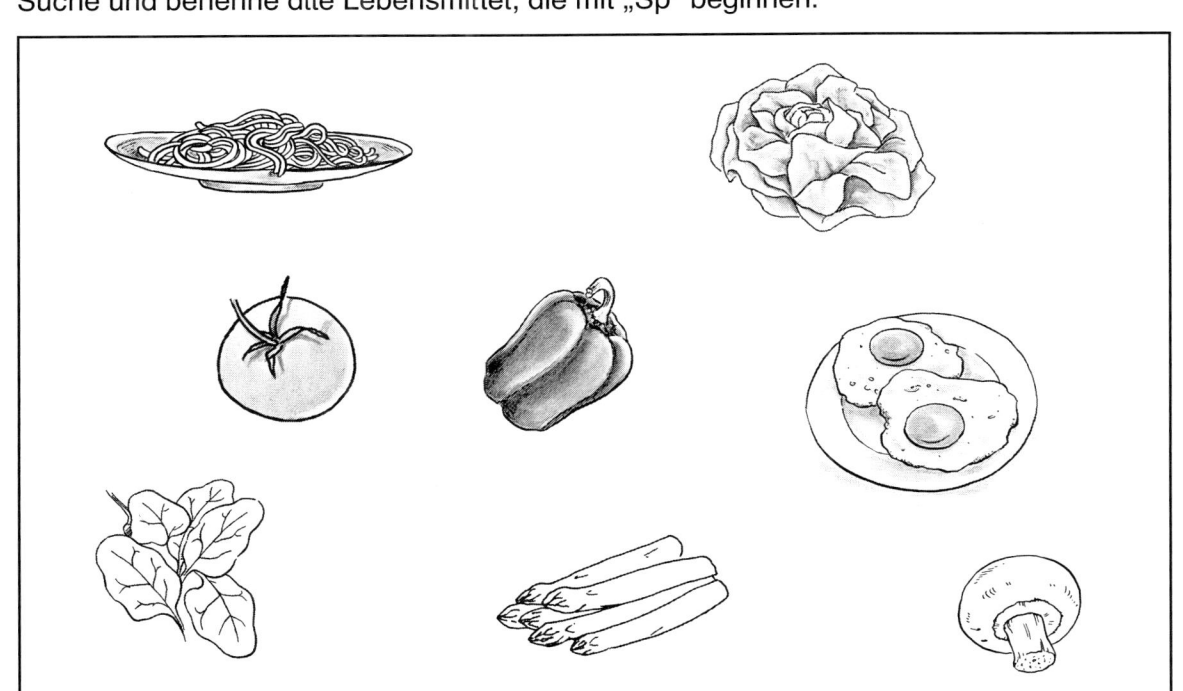

BVK Kl35 • Ilka Köhler: Sprachförderung mit Kindergartenkindern

Mein Lieblingsessen

Ernährung

ab 3

Name: _____

Datum: _____

Lieblingsgericht: _____

Lieblingsobst: _____

Lieblingsgemüse: _____

Lieblingssüßigkeit: _____

Lieblingsgetränk: _____

Das mag ich gar nicht:

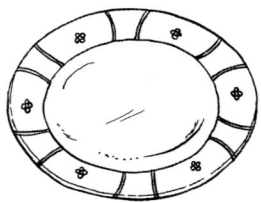

_____   _____

BVK Kl35 • Ilka Köhler: Sprachförderung mit Kindergartenkindern

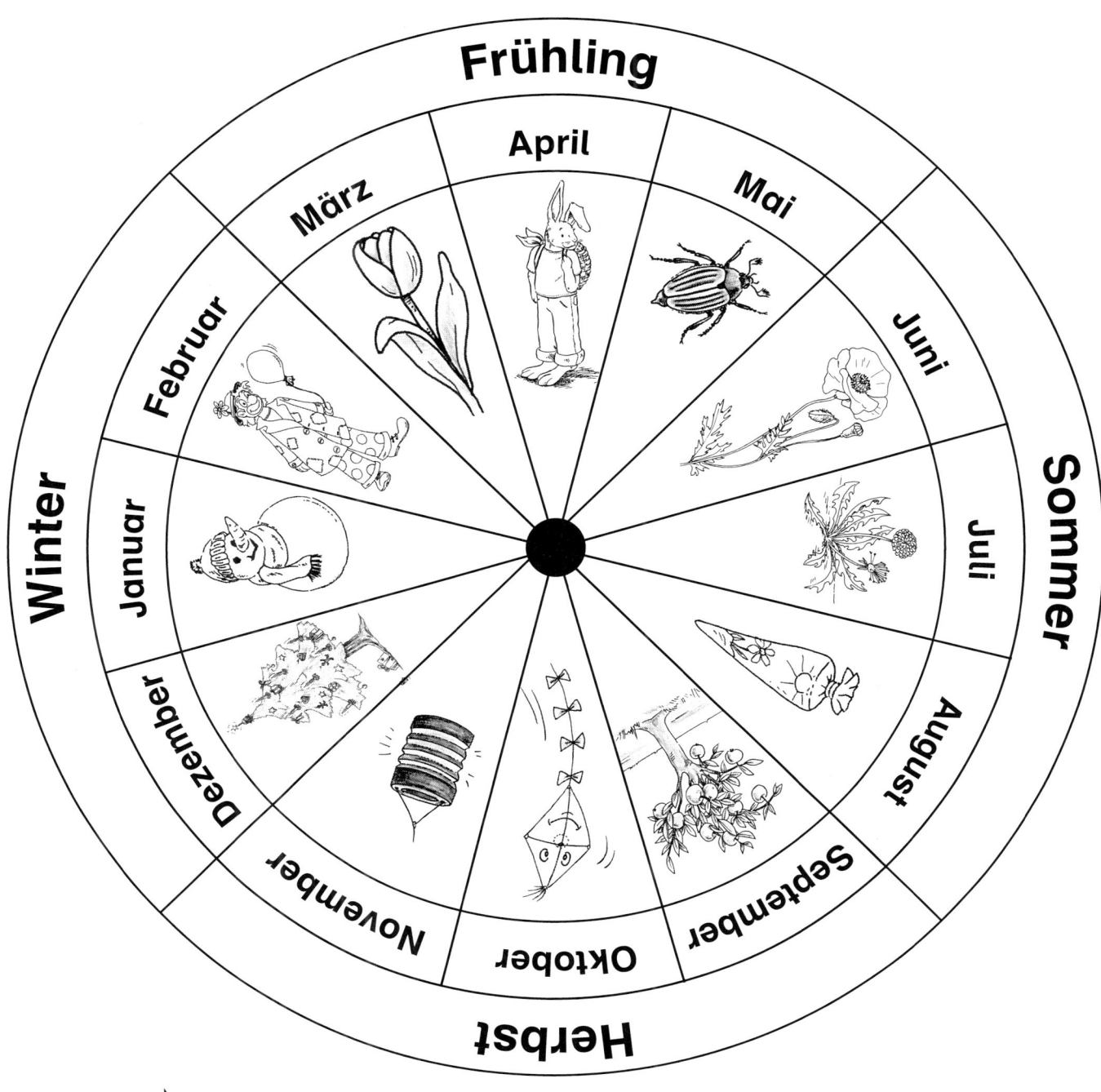

Einsatzmöglichkeiten des Erzählbildes

Das Jahr

Fragen zum Bild / Reflexionsfragen:
- Welche Jahreszeiten kennst du?
- Kannst du alle Bilder benennen?
- Zu welchem Monat könnten die verschiedenen Bilder passen?
  Was für ein weiteres Bild würde zu diesem Monat passen?
- Welche Monatsnamen kennst du?
- In welchem Monat hast du Geburtstag?

Grammatik:
- *Adjektive / Farbwörter / Zahlwörter:* Malen Sie das Bild vorab in verschiedenen Farben an
  und bitten Sie die Kinder, die Bilder möglichst detailliert zu beschreiben: „Die Tulpe hat
  eine rote Blüte und zwei lange grüne Blätter." Auf der Schultüte ist eine gelbe Sonne und
  eine lila Blume mit sechs Blütenblättern zu sehen." …
- *Silben klatschen:* Suche dir einen Gegenstand / einen Monatsnamen / eine Jahreszeit auf dem
  Bild aus und klatsche seine Silben, zum Beispiel: Schul – tü – te, Ok – to – ber, Früh – ling.
- *Artikel:* Lassen Sie die Kinder die einzelnen Bilder mit Artikel benennen (*der* Maikäfer,
  der Osterhase, *die* Schultüte …).

ab 3

Wortschatzerweiterung / Erzählanlässe:
- Feste / besondere Ereignisse im Jahreslauf: Sammeln Sie mit den Kindern, welche Feste /
  Besonderheiten sie im Jahreslauf kennen (Ostern, Weihnachten, Einschulung, Ramadan,
  Sommerferien …), und lassen Sie sie von ihrem Lieblingsfest / letzten Fest berichten.

Jahresprojekt

Das Jahr

Wenn Sie die Möglichkeit dazu haben, bietet es sich an, mit den Kindern einen großen
Jahreskreis an einer freien Wand in Ihrem Gruppenraum zu gestalten. Mit den kleineren
Kindern können Sie als Motiv die Jahresuhr mit den Jahreszeiten an die Wand malen
(dazu eignen sich u. a. alte Tapetenrollen, Papiertischdecken, Teppichreste), mit den größeren
Kindern dann die Jahresuhr mit den einzelnen Monaten. Die jeweiligen Felder (4 oder 12) sollten
Sie frei lassen.

Nun begeben Sie sich im Laufe des Kindergartenjahres mit den Kindern auf große Entdeckungstour. Beobachten Sie die Umwelt: Was passiert wann?

Sie können zu Ihren Spaziergängen einen Fotoapparat mitnehmen und die Entdeckungen in der
Natur dokumentieren, zum Beispiel den Nachwuchs in der Tierwelt, den Vogelzug, der ersten
Schnee, die ersten Frühblüher, den ersten Storch, Erdbeeren, auch Erlebnisse / Begebenheiten
aus dem Leben der Kinder sollten in die gestaltete Jahresuhr mit einfließen: Weihnachtsfeier,
Faschingsfest, Ostereiersuche, Muttertagsgedicht, Erntedankfest, Geburtstage …

ab 3

Ihre Dokumentationen in Form von Fotos, Urlaubskarten, Gegenständen, Fundstücken, getrock-
neten Blüten etc. können Sie mit den Kindern zum Beispiel im Morgenkreis besprechen und in
die leeren Felder der Jahresuhr kleben / heften. Auf diese Weise lernen die Kinder spielerisch die
Namen der Jahreszeiten und Monate kennen sowie viele neue Wörter rund um den Jahreslauf.

Mit diesem Ganzjahresprojekt wird für die Kinder das Jahr in seiner Länge und mit den einzelnen
Jahreszeiten und monatstypischen Besonderheiten nachhaltig erfahrbar.

Jahreszeiten-Gedicht

Das Jahr

4 Jahreszeiten hat ein Jahr,
das ist uns allen längst schon klar.

Im Frühling schmelzen Schnee und Eis,
dafür ist jetzt der Kirschbaum weiß.
Er blüht wie Tulpen und der Flieder,
wir singen fröhlich uns're Lieder.

Im Sommer wird es richtig heiß,
manch einem läuft dabei der Schweiß.
Der kann sich dann im Wasser kühlen
oder im weichen Strandsand wühlen.

Im Herbst nun unsere Astern blühen
und Vögel in den Süden ziehen.
Die Blätter von den Bäumen wehen,
nur kahle Äste bleiben stehen.

Im Winter schläft dann die Natur,
es regen sich die Menschen nur.
Sie fahren Schlitten und auch Ski
und machen eine Rutschpartie.

3/4

Jahreszeiten/Monate

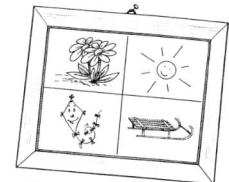

Das Jahr

Die Jahreszeiten zählen / nennen (mit körpereigenen Mitteln):

linke Faust vorstrecken	→ Frühling
linkes Ohrläppchen zwischen den linken Zeigefinger und den Daumen	→ Sommer
rechtes Ohrläppchen zwischen den rechten Zeigefinger und den Daumen	→ Herbst
rechte Faust vorstrecken	→ Winter

12 Monate zählen / nennen (mit körpereigenen Mitteln):

linken kleinen Finger vorstrecken	→ „1" Januar
linken Ringfinger vorstrecken	→ „2" Februar
linken Mittelfinger vorstrecken	→ „3" März
linken Zeigefinger vorstrecken	→ „4" April
linken Daumen vorstrecken	→ „5" Mai
rechten Daumen vorstrecken	→ „6" Juni
rechten Zeigefinger vorstrecken	→ „7" Juli
rechten Mittelfinger vorstrecken	→ „8" August
rechten Ringfinger vorstrecken	→ „9" September
rechten kleinen Finger vorstrecken	→ „10" Oktober
linkes Ohrläppchen zwischen den linken Zeigefinger und den Daumen	→ „11" November
rechtes Ohrläppchen zwischen den rechten Zeigefinger und den Daumen	→ „12" Dezember

4/5

Daumenkino (Hinweis s. S. 5)

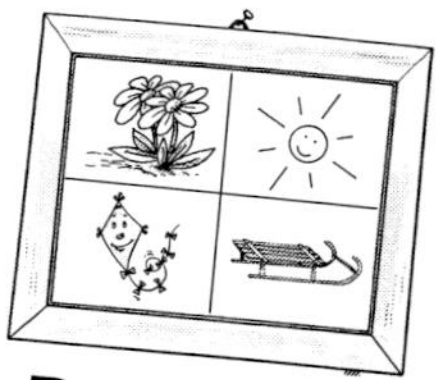

Das Jahr

5/6

BVK KI35 • Ilka Köhler: Sprachförderung mit Kindergartenkindern

Bewegungsspiel

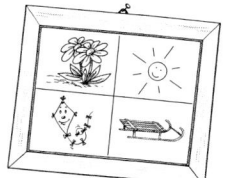

Das Jahr

Material:
ausgeschnittene Spielkärtchen (Kopiervorlage s. S. 60, hochkopiert)

Spielanleitung:
Für dieses Spiel benötigen Sie die vorbereiteten Spielkärtchen und etwas Platz. Teilen Sie die Kinder in vier Gruppen auf, jede Gruppe stellt eine Jahreszeit dar. Die Kinder einer Jahreszeit stehen hintereinander. Auf der gegenüberliegenden Seite befinden sich in einer Reihe die verdeckten Spielkärtchen (auf dem Boden oder auf einer Bank). Nun kommt das Startsignal. Die ersten Kinder laufen los, wählen eine der Karten aus und überprüfen, ob diese zu ihrer Jahreszeit passt.

Passt die Karte zu ihrer Gruppe, so wird diese mitgenommen. Passt sie nicht, so wird diese Karte wieder verdeckt auf den Platz gelegt und das Kind läuft ohne Karte zur Gruppe zurück und stellt sich hinten an. Nun ist das nächste Kind an der Reihe. Gern können die Kinder ihre Mannschaft anfeuern und zum Beispiel laut „Herbst" rufen. Ziel ist es, möglichst schnell alle Kärtchen der Gruppen-Jahreszeit einzusammeln.

ab 3

Tipp:
Das Spiel kann auch ohne Herumlaufen mit vier Kindern am Tisch gespielt werden.

✂ ....

Würfelspiel (für 2 – 6 Kinder)

Das Jahr

Material:
ausgeschnittene Spielkärtchen (Kopiervorlage s. S. 60), Spielplan (s. S. 61), Spielfiguren, 1 Zahlenwürfel

Spielanleitung:
Jeder Mitspieler erhält eine Spielfigur. Die Spielkärtchen werden, nach Jahreszeiten geordnet, verdeckt auf einen Stapel (s. Feld auf dem Spielfeld) gelegt. Nacheinander würfelt jedes Kind und geht mit seiner Figur die gewürfelte Punktezahl auf dem Spielplan weiter. Dabei durchlaufen die Spielfiguren das ganze Jahr. Gelangt ein Kind bei seinem Rundgang auf ein Sonderfeld (?), muss es ein verdecktes Kärtchen von dem jeweiligen Jahreszeitenstapel ziehen. Nun gibt es mehrere altersabhängige Möglichkeiten. Das Kind betrachtet heimlich sein Bild und muss:

ab 3

1. Das Bild als Wort benennen.
2. Mit dem Wort einen Satz bilden.
3. Das Bild seinen Mitspielern erklären, ohne das Wort dabei zu nennen.

Kann das Kind die Aufgabe nicht lösen, setzt es eine Runde aus. Löst es die Aufgabe, so steckt es das Spielkärtchen unter den Stapel und würfelt in der nächsten Runde ganz normal weiter. Besprechen Sie vorher, ob Rauswerfen erlaubt ist oder nicht.
Ziel ist bei diesem Spiel, als Erster mit seiner Spielfigur ans Ziel zu kommen.

Spielkärtchen

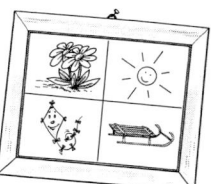

Frühling				
Sommer				
Herbst				
Winter				

BVK Kl35 • Ilka Köhler: Sprachförderung mit Kindergartenkindern

Spielplan

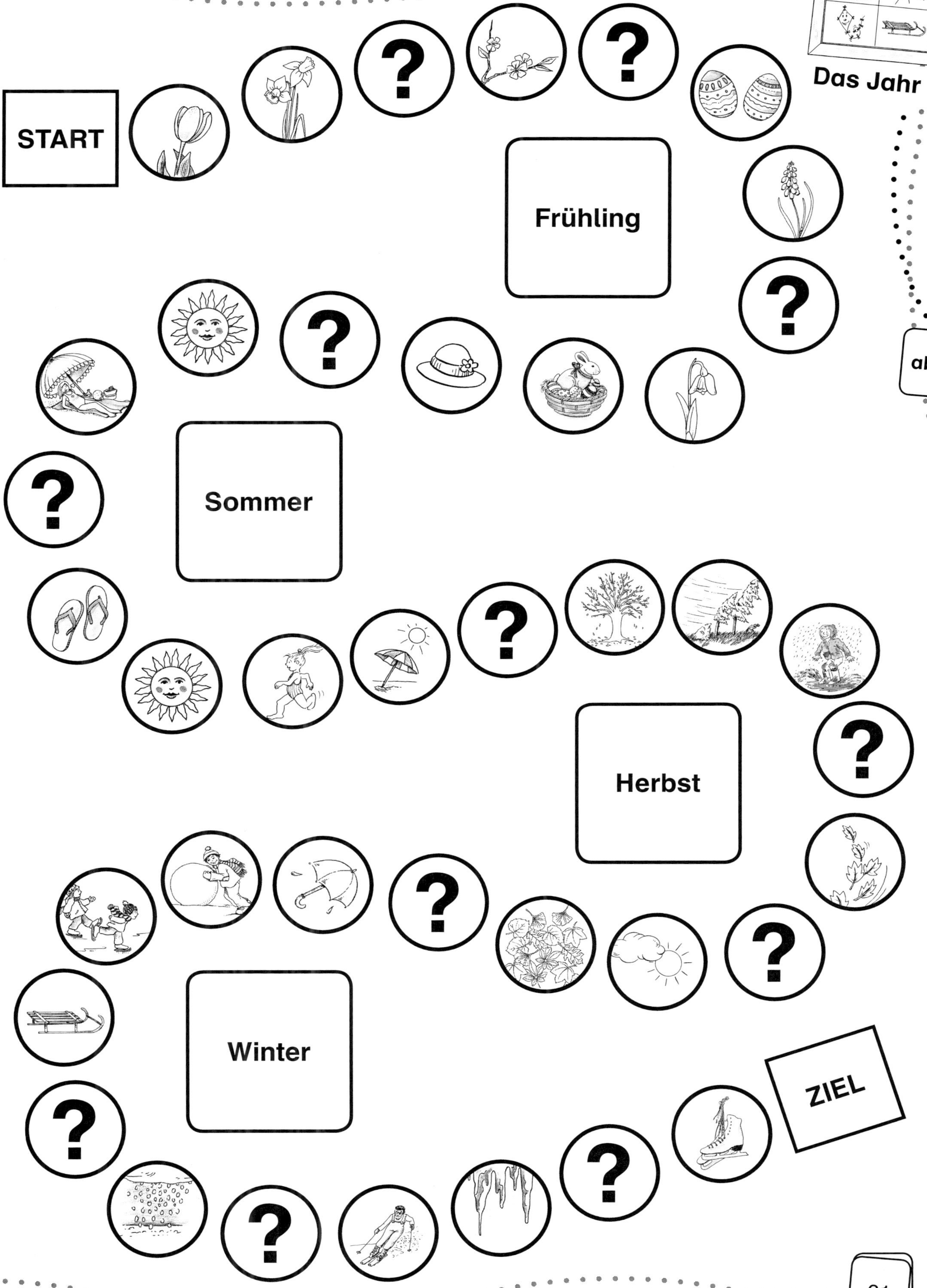

START

Frühling

Das Jahr

ab 3

Sommer

Herbst

Winter

ZIEL

Jahresreim

Wollen Sie den Jahresreim als Reimspiel nutzen, stellen Sie sich mit den Kindern in einem Kreis auf und begleiten Sie die jeweiligen Strophen durch Mimik und Gestik.
Sie können den Text auch vorlesen und dabei das eingeklammerte Reimwort weglassen.
Dies sollen dann die Kinder suchen und aussprechen.
Außerdem können Sie die hochkopierten und gestalteten Bilder von Seite 63 für den roten Faden nutzen. Ebenso können Sie mit den Bildern eine kleine Vorführung vor Publikum gestalten.
Ein Kind sagt eine Strophe auf, zeigt dazu das passende Bild, dann folgt ein anderes Kind mit der nächsten Strophe.

So verbringen wir Kinder das Jahr

Im Januar können wir Schneemänner bauen,
die sind dann lustig anzu(schauen).

Im Februar werden wir uns verkleiden,
und niemand kann uns unter(scheiden).

Im März, wenn die Tulpen blühen vorm Haus,
gehen wir ohne Schal und Mütze hin(aus).

Im April ist es dann endlich soweit,
wir suchen die Eier zur Oster(zeit).

Im Mai, wenn abends die Maikäfer brummen,
können wir fröhlich ein Liedchen (summen).

Im Juni werden wir uns mächtig bücken,
und reichlich von den Erdbeeren (pflücken).

Im Juli, wenn die liebe Sonne brennt,
ein jedes Kind ins Wasser (rennt).

Im August ist bei uns die Aufregung groß,
für manche geht nämlich die Schule (los).

Im September können wir es kaum erwarten
und gehen zum Ernten in den (Garten).

Im Oktober warten wir auf richtigen Wind,
und laufen mit den Drachen dann gesch(wind).

Im November gehen wir wieder gerne,
zum Martinsumzug mit einer La(terne).

Im Dezember kommt das Weihnachtsfest,
was unsere Kinderaugen strahlen (lässt).

Bilder zum Jahresreim

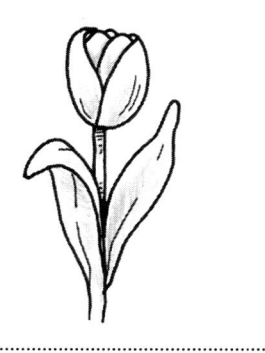
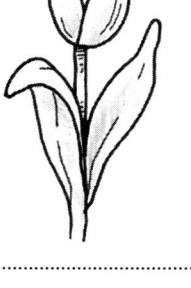

Erzählbild „Frühling"

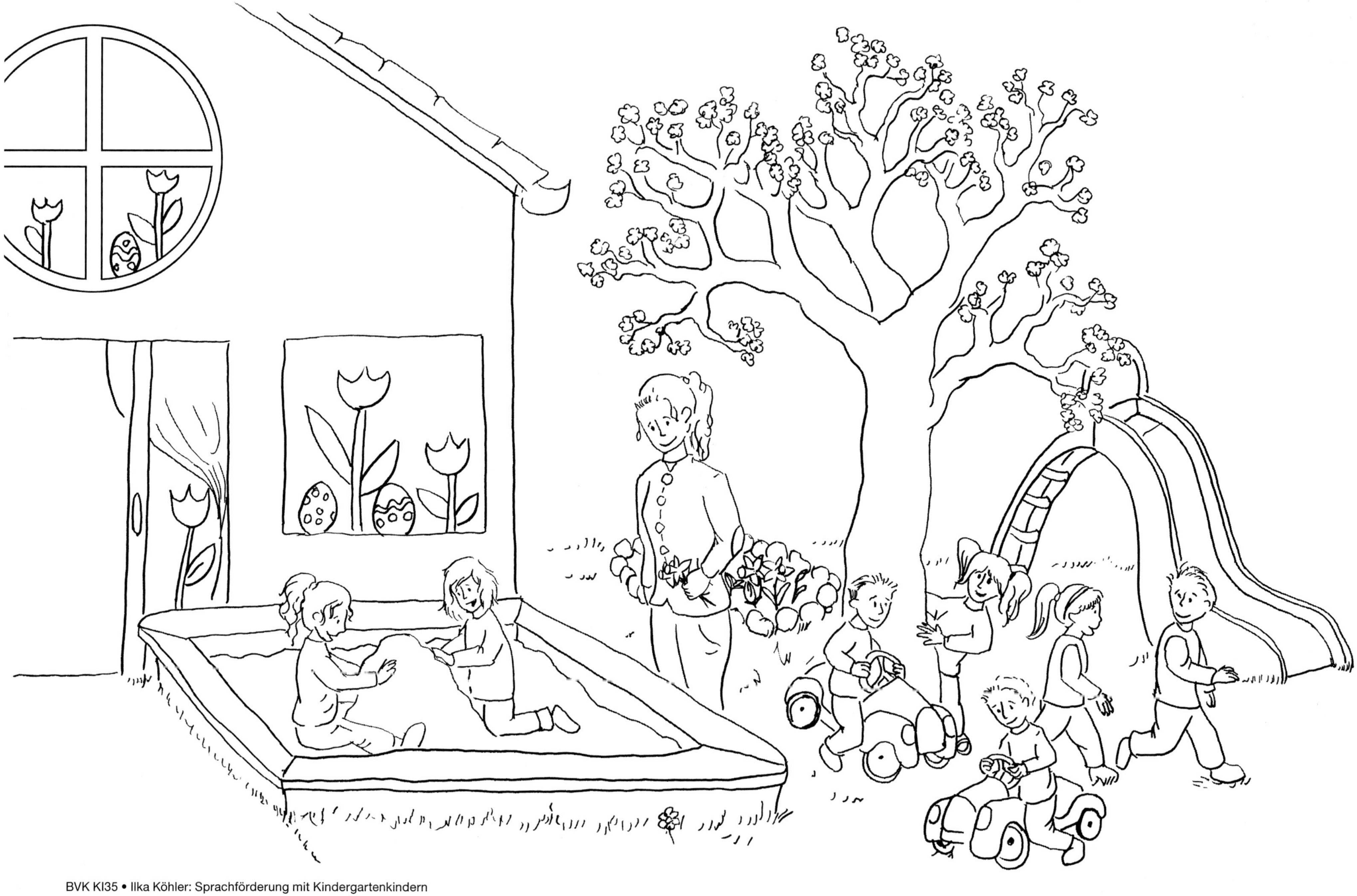

Einsatzmöglichkeiten des Erzählbildes

Frühling

Fragen zum Bild / Reflexionsfragen:
- Was spielen die Kinder auf dem Bild?
- Womit sind die Fenster dekoriert? Warum haben die Kinder wohl gerade diese Gegenstände gebastelt?
- Weißt du, wie die kleinen „Knöllchen" an dem Baum heißen? („Knospen")
- Wie heißen die Blumen in dem Fenster / in dem Beet? („Tulpen", Osterglocken / Narzissen")

Grammatik:
- *Singular und Plural:* Lassen Sie die Kinder die Pluralformen zu den Wörtern auf dem Bild bilden, zum Beispiel: „In der Tür klebt eine Tulpe. In den Fenstern hängen viele …"
  Im Garten des Kindergartens steht ein Baum. Im Wald stehen viele …"
- *Adjektive:* Bitten Sie die Kinder, die Ostereier auf dem Bild zu beschreiben („Gepunktet" – „Mit geschlängelten Linien", ggf. auch Farben einbauen). Im Anschluss sollen die Kinder selbst ein großes, buntes Osterei mit vielen Mustern auf ein Blatt malen und ihr Ei beschreiben. Dabei können Sie auch verschiedene Eierbilder an einer Wand aufhängen und die Kinder müssen raten, welches Bild das Kind beschreibt.

ab 3

Wortschatzerweiterung / Erzählanlässe:
- *Ostern:* Erinnerst du dich noch an dein letztes Osterfest? Wie hast du es gefeiert?
- *Osterwörter sammeln:* Ostereier, Osterkranz, Osterglocke, Osterhase …
- Woran kannst du erkennen, dass es Frühling geworden ist?

Farbspiele

Frühling

1. Welche Blume wünschst du dir?

Im Vorfeld dieses Spieles können Sie mit den Kindern unterschiedliche Frühblüher und deren Farben besprechen.

Für dieses Spiel benötigen Sie ein Kind als Wünschenden und viele Kinder als bunte Frühlingsblumen. Der Wünschende dreht den anderen Kindern den Rücken zu, die Frühlingsblumen stehen jeweils in gleicher Entfernung zum Wünschenden (am besten auf einer Linie).
Nun rufen sie: *„(Name des Kindes), welche Blume wünschst du dir?"*
Daraufhin ruft der Wünschende entweder:
   1. eine Farbe, zum Beispiel „Eine blaue Blume." oder
   2. einen Blumennamen (ggf. mit Farbe): „Ein Veilchen." / „Eine rote Tulpe."
Jedes Kind, welches die entsprechende Farbe (in seiner Kleidung) trägt, darf nun einen Schritt nach vorne gehen. Das Kind, welches zuerst beim Wünschenden ankommt, löst diesen ab und das Spiel beginnt von vorn.

3 / 4

BVK Kl35 • Ilka Köhler: Sprachförderung mit Kindergartenkindern

Reime zum Muttertag / Vatertag

Frühling

Lieber Vater,
du bist mein Schmusekater!

Liebe Mama, (Lieber Papa),
sieh mal hier,
diese Blumen schenk ich dir!

Liebe Mama, (Lieber Papa),
du bist für mich der Sonnenschein
drum werd ich immer bei dir sein.
Werd ich auch groß, das ist ja klar,
bin ich noch immer für dich da.

Liebe Mama, (Lieber Papa),
mit diesen schönen Bastelsachen
will ich dir eine Freude machen!

ab 3

Liebe Mama, (Lieber Papa),
du bist für mich ein großes Glück,
ich lieb dich bis zum Mond
und auch wieder zurück.
Deshalb sage ich dir heute, an diesem Tag,
wie gerne ich dich (dein Lachen …) mag.

Liebe Mama, (Lieber Papa),
ich schenk dir heute einen Kuss,
weil ich dir was sagen muss:
„Ich bin so froh, dass du mich liebst
und mir all das Schöne gibst!"

Liebe Mama, (Lieber Papa),
komm mal her,
denn ich mag dich wirklich sehr!

Liebe Mama, (Lieber Papa),
an diesem wunderbaren Tag,
sag ich dir, dass ich dich mag!

Liebe Mama, (Lieber Papa),
ich habe dich unendlich gerne,
denn deine Augen leuchten wie die Sterne.
Dein Herz ist groß und sonnenwarm,
drum nehm ich dich jetzt in meinen Arm!

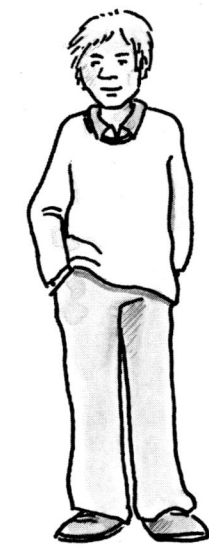

Liebe Mama, (Lieber Papa),
ich find dich richtig toll,
denn du bist ganz wundervoll.
Du bist immer für mich da,
durch das ganze, lange Jahr!

BVK KI35 • Ilka Köhler: Sprachförderung mit Kindergartenkindern

Ein Glas voller Liebe

Das Glas eignet sich besonders gut als Geschenk für den Muttertag oder den Vatertag. Da es für Trennungskinder mitunter schwierig ist, dem Vater oder der Mutter etwas zu schenken, da kein Kontakt vorhanden ist, bietet es sich an, in Einrichtungen mit einem hohen Anteil an Trennungskindern den Vatertag als Herrentag oder den Muttertag als Damentag zu bezeichnen, an dem die Kinder auch Geschenke für ihre Opas / Omas oder die neue Partnerin / den neuen Partner von Papa oder Mama basteln können.

Material:
pro Kind 1 Schraubglas ohne Etikett, buntes Papier, farbige Stifte, Fotos der Kinder (vielleicht sogar mit der zu beschenkenden Person darauf), kleine Herzchen (z. B. aus Papier gestanzt, Herzknöpfe etc.), evtl. 1 Lippenstift, etwas Stoff (evtl. mit Herzen bedruckt oder bemalt), Schleifenband, Scheren

ab 3

Arbeitsanleitung:

1. Die Kinder sollen kleine Zettelchen aus dem farbigen Papier ausschneiden. Dafür können Sie ggf. Linien vorziehen oder die größeren Kinder ziehen mit Ihrer Hilfe die Linien. Dann sollte sich jedes Kind eine Person überlegen, für die es das Glas basteln möchte.

2. Besprechen Sie nun gemeinsam mit den Kindern:
   • Was magst du an dieser Person besonders?
   • Was erinnert dich an diese Person?
   • Wieso hast du sie so lieb?
   • Worüber könnt ihr lachen?
   • Was wünschst du dieser Person?

3. Schreiben Sie die Antworten der Kinder auf die Zettel oder lassen Sie die Kinder kleine passende Bildchen dazumalen. Zusätzlich können Sie auch die Fotos mit auf die Zettel kleben. Falls Sie einen Lippenstift zur Hand haben, können Sie mit einem sauberen Pinsel die Lippen der Kinder schminken und so viele liebe Küsse auf das Papier zaubern.

4. Lassen Sie die Kinder nun die Zettel und die Herzchen in die Schraubgläser füllen.

5. Zum Abschluss wird eine kreisrunde Kappe (etwas größer als der Deckel) aus dem Stoff geschnitten und mit dem Schleifenband um den Deckel herum festgebunden.

Klanggeschichte „Blumige Klänge" (1)

Bei dieser Klanggeschichte werden den Kindern Frühlingsblumen genannt. Sie können deshalb passend zur Geschichte die jeweiligen Blumen oder aber die einzusetzenden Instrumente als „roten Faden" auf dem Boden verteilen (s. u.), bzw. die Bilder der Instrumente von den Kindern legen lassen.

Möglich ist es auch, jedem Kind – passend zum „roten Faden" – seinen Einsatz mit Hilfe eines Bildes zu symbolisieren, so kann es sich leichter in der Geschichte orientieren.

Natürlich können auch mehrere Kinder gleichzeitig eine Instrumentenart spielen.

Gerne können Sie im Anschluss an die Klanggeschichte mit Ihren Kindern ein selbst gewähltes Lied singen und dazu alle Instrumente noch einmal erklingen lassen.

Material:

1 Glocke, Xylofon mit 2 Schlägeln, 1 Schellenkranz, 1 Triangel, 1 Rassel, Fingerzimbeln, 1 Klangspiel, 1 Lotusflöte, ggf. Kopiervorlage „Instrumente" (s. u.)

BVK Kl35 • Ilka Köhler: Sprachförderung mit Kindergartenkindern

Instrumente

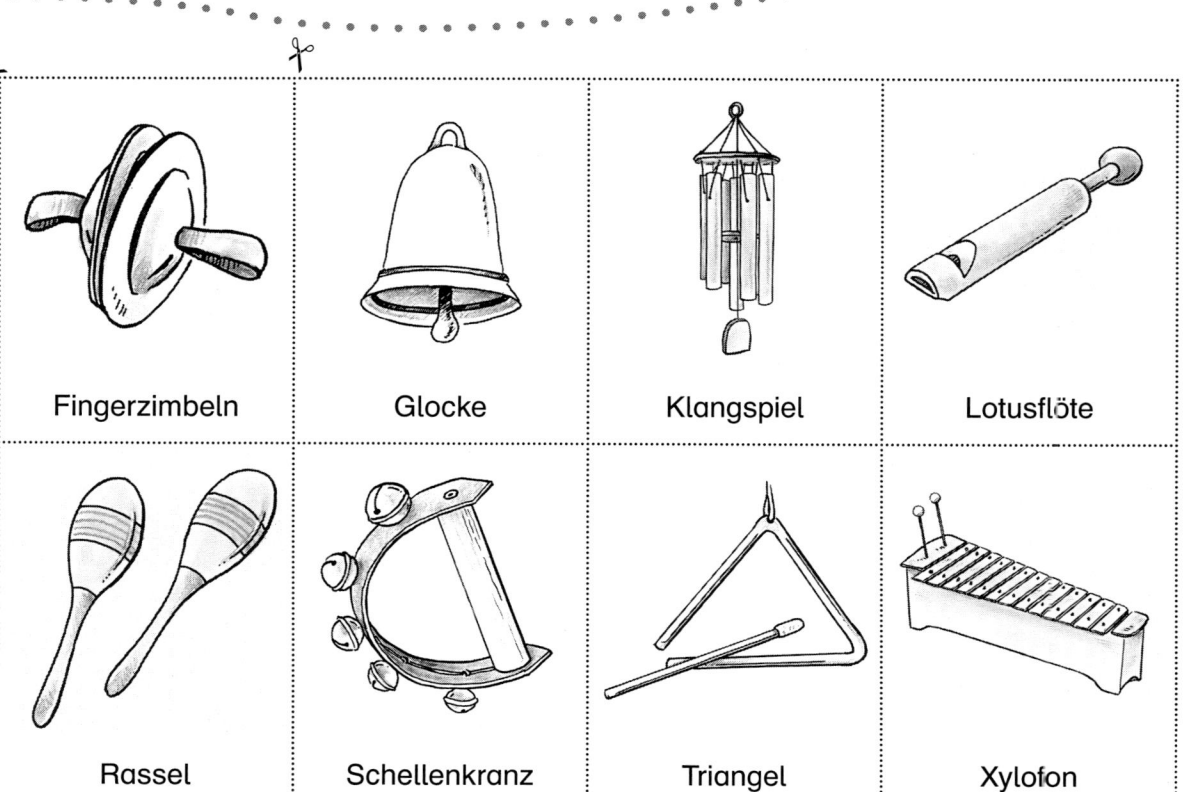

| Fingerzimbeln | Glocke | Klangspiel | Lotusflöte |
| Rassel | Schellenkranz | Triangel | Xylofon |

BVK Kl35 • Ilka Köhler: Sprachförderung mit Kindergartenkindern

Klanggeschichte „Blumige Klänge" (2)

Ich erzähle euch heute eine Blumengeschichte
und hoffe, ihr mögt auch dies Gedichte.

Die Schneeglöckchen sind schon da,
klingen im Wind ganz wunderbar.

*Die Kinder machen / das Kind macht
leise Geräusche mit einer Glocke.*

Die Krokusse recken sich empor
und klingen wie ein Krokuschor.

*Die Kinder ziehen / das Kind zieht
den Schlägel vor und zurück über
ein Xylofon.*

Die Märzbecher erscheinen, erst noch ganz klein,
sie reihen sich in die Blumenmusik ein.

*Die Kinder schlagen / das Kind schlägt
3 x mit einem Schellenkranz.*

Die Tulpen klingen noch ganz leise,
in ihrer schönen Tulpenweise.

*Die Kinder klopfen / das Kind klopft
3 x mit dem Stab auf eine Triangel.*

Hyazinthen leuchten in vielen Farben,
an ihnen können sich die Bienen laben.

*Die Kinder machen / das Kind macht
Geräusche mit einer Rassel.*

Die Primeln strecken ihre Köpfe empor
und bunte Blüten kommen hervor.

*Die Kinder schlagen / das Kind schlägt
3 x mit den Fingerzimbeln.*

Auch die ersten Schlüsselblumen blühen im Garten,
sie konnten den Frühling kaum erwarten.

*Die Kinder ziehen / das Kind zieht
den Schlägel vor und zurück über
ein Xylofon.*

Im Beet sich auch der Blaustern zeigt,
und sacht sein Blütenköpfchen neigt.

*Die Kinder klopfen / das Kind klopft
3 x mit dem Stab auf eine Triangel.*

Seht doch mal die Osterglocken,
wie sie mit ihren Farben locken.

*Die Kinder machen / das Kind macht
Geräusche mit einer Glocke.*

Und Veilchen sehe ich auch ganz viel,
sie tönen zart, wie ein klingendes Spiel.

*Die Kinder ziehen / das Kind zieht
den Schlägel über ein Klangspiel.*

Nun wachsen die ersten Vergissmeinnicht,
auch sie klingen mit in diesem Gedicht.

*Die Kinder spielen / das Kind spielt
auf einer Lotusflöte.*

Zum Schluss müssen wir noch an die
Tausendschönchen denken,
die wir so gerne als Geschenk verschenken.

*Die Kinder schlagen / das Kind schlägt
3 x mit einem Schellenkranz.*

All diese Blumen in Tönen erklingen,
deshalb lasst uns jetzt ein Frühlingslied singen.

BVK Kl35 • Ilka Köhler: Sprachförderung mit Kindergartenkindern

Ostereierbilder

Material:
Papier, Farbstifte

Spielanleitung:
Die Kinder nehmen je ein Blatt Papier und ein paar Stifte und setzen sich am besten so hin, dass sie nicht auf das Blatt eines anderen Kindes schauen können.
Eine Person ist der Ansager und Vormaler und sagt zum Beispiel: „Ich male acht rote Punkte auf mein Ei. An die Punkte male ich nun gelbe Blütenblätter. Jetzt male den Rest von dem Ei blau aus." Die anderen Kinder müssen dabei genau zuhören und ihr Osterei ebenso gestalten.

Im Anschluss können die Ostereierbilder miteinander verglichen werden:
• Wer hat besonders gut zugehört?
• Welches Ei sieht dem Original am ähnlichsten?
• Wer hat alles richtig und trotzdem ein anderes Ei gestaltet? (Daraus ergibt sich die Frage: Waren die Anweisungen alle eindeutig?)

Alternativ können Sie auch ein kleines Ostergedicht sprechen und dazu vormalen.

Beispiele:

1. Osterküken
Herbei,
(untere Eierschale)

herbei
(obere Eierschale)

ich
(Kopfrundung links)

schlüpf
(Kopfrundung rechts)

aus dem Ei.
(Auge, Auge, Schnabel)

2. Osterhase
Hoppel, hoppel, hoppel,
(Kopf, linkes Ohr, rechtes Ohr)

das ist wohl Hase Moppel.
(Bauchkreis)

Hat zwei Augen, Nase, Mund
(Augen, Nase, Mund)

und Schnurrhaare lang und bunt.
(Schnurrhaare beidseitig)

Nun noch die Pfoten und ein Ei,
(Vorderpfote, Hinterpfote, Ei)

der Osterhase schaut vorbei.
(Gras unter den Hasen malen)

3. Osterlamm
Ich bin ein kleines Osterlamm,
(Kopf, Augen, Nase, Ohren)

mit Fell aus weichen Locken.
(Fell aus Kringeln / Schnecken)

Vier Beine hab ich auch noch dran,
(Beine)

müsste sonst zu Hause hocken.
(Schwanz)

BVK Kl35 • Ilka Köhler: Sprachförderung mit Kindergartenkindern

Suchbild „Kindertag"

👁 Findest du die Szenen wieder?

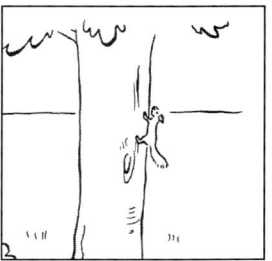

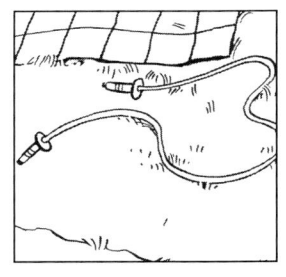

BVK Kl35 • Ilka Köhler: Sprachförderung mit Kindergartenkindern

Reimergänzungen „Frühlingsgedicht"

Bei diesen Reimergänzungen wird die Aussprache der Silben „schnie", „schna", „schnu", „schnü", „schno", „schne" und „schnei" gefördert.

Für die jüngeren Kinder besteht die Möglichkeit, ihnen den Reim vorzusprechen und dabei das Schlussreimwort (siehe unten in Klammern) wegzulassen. Die Kinder sollen dann ein passendes Reimwort finden. Abgestimmt auf den Inhalt können Sie die Reime auch mit Mimik und Gestik begleiten.

Größere Kinder können versuchen, die Reime (ähnlich Zungenbrechern) nachzusprechen. Dabei können Sie auch einen „Schnellsprechwettkampf" oder eine „Reimerfindungsolympiade" veranstalten.

Frühlingsgedicht

Schniegel-schnagel-schnum,
der Winter ist jetzt (um).

Schniegel-schnagel-schnühling,
endlich kommt der (Frühling).

Schniegel-schnagel-schnarten,
wir gehen in den (Garten).

Schniegel-schnagel-schnogel,
da hinten hüpft ein (Vogel).

Schniegel-schnagel-schnecke,
er verschwindet in der (Hecke).

Schniegel-schnagel-schnest,
er hat da wohl sein (Nest).

Schniegel-schnagel-schneier,
und brütet seine (Eier).

Schniegel-schnagel-schneise,
ich schleich mich ran ganz (leise).

Schniegel-schnagel-schnan,
und schau den Vogel (an).

Schniegel-schnagel-schnamsel,
ich glaub, es ist die (Amsel).

Portfolio

Frühling

Frühling

Name: _____

Datum: _____

Mein Frühling im Jahr: _____

Das habe ich erlebt:

ab 3

Das habe ich gelernt:

Das habe ich gebastelt:

Das fand ich besonders schön:

Meine Freunde sind:

BVK Kl35 • Ilka Köhler: Sprachförderung mit Kindergartenkindern

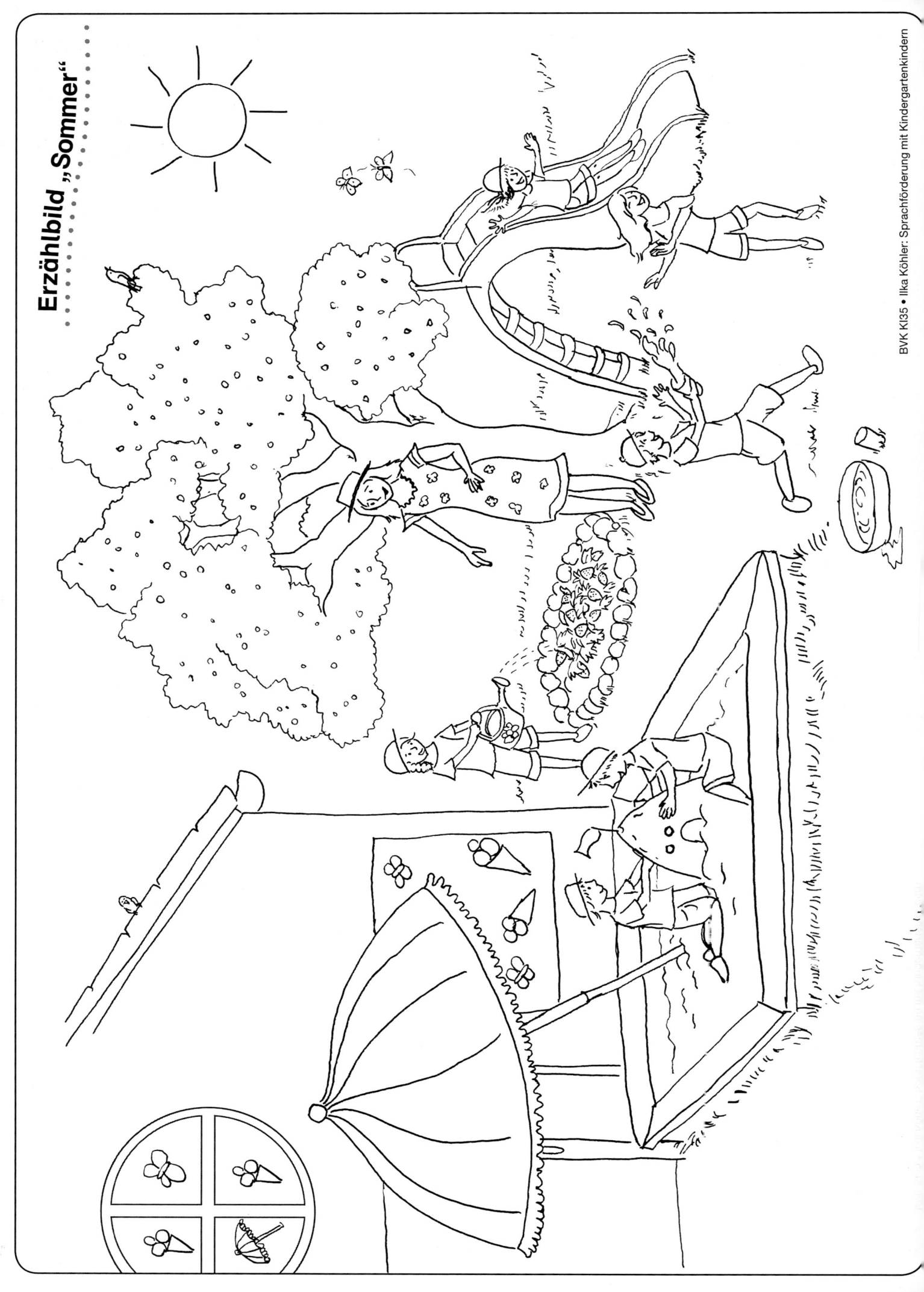

Einsatzmöglichkeiten des Erzählbildes

Sommer

Fragen zum Bild / Reflexionsfragen:

• Was spielen / machen die Kinder auf dem Bild?
• Um welche Jahreszeit könnte es sich handeln? Woran erkennst du das?

Grammatik:

• *Zahlwörter:* Stellen Sie den Kindern entsprechende Fragen zu dem Bild: Wie viele Schmetterlinge kannst du entdecken? Wie viele Blumen hat die Erzieherin auf dem Kleid? Wie viele Erdbeeren sind in dem Beet? Wie viele gebastelte Eistüten hängen in den Fenstern? …
• *Reimwörter:* Die Kinder suchen sich nacheinander einen Gegenstand auf dem Bild aus und versuchen, dazu ein Reimwort zu finden. Beispiele: Rutsche – Kutsche; Baum – Traum, Eis – heiß …

Wortschatzerweiterung / Erzählanlässe:

• *Sommerwörter:* Was gehört zum Sommer? (mit Hilfe des Bildes: Sommerkleid, Eis, Sonnenschirm, Sandburg bauen, Erdbeeren, mit Wasser spielen; über das Bild hinaus: Wasserbomben bauen, draußen mit dem Laufrad / Fahrrad fahren, ins Schwimmbad gehen, in den Zoo gehen, in den Urlaub fahren, zelten …)
• Warst du schon einmal im Sommerurlaub? Wo bist du hingefahren? Wie bist du dorthin gekommen? Wer ist mitgefahren? …

ab 3

Das Ende der Kindergartenzeit

Sommer

Nehmen Sie das Portfolio eines angehenden Schulkindes und besprechen Sie gemeinsam mit dem Kind, was es im Laufe seiner Kindergartenzeit erlebt hat. Sehen Sie sich zusammen die Fotos, Bilder oder Filmaufnahmen an und erinnern Sie sich gegenseitig: „Weißt du noch …?"

Lassen Sie sich berichten, welche Erlebnisse, Projekte oder Feste dem Kind besonders in Erinnerung geblieben sind und warum. Was hat ihm daran besonders gefallen? Was hat ihm überhaupt nicht gefallen und warum?

Versuchen Sie, die Erlebnisse und Erinnerungen mit dem Kind in die richtige zeitliche Reihenfolge zu bringen: Wann war was?
Sie können hierzu auch mit einem Zeitstrahl arbeiten, indem Sie die Jahresuhr auf der Seite 55 auseinanderschneiden und die so entstehenden Dreiecke im Monatsverlauf auf eine Linie kleben. Gestalten Sie vielleicht anschließend mit den angehenden Schulkindern eine Collage / eine Wandzeitung zu diesem Thema mit Fotos und Bildern aus ihrer Kindergartenzeit.

4/5

Hinweis:

Sie können natürlich auch die Erinnerungen der jüngeren Kinder mit einbeziehen – deshalb rechts die Altersangabe ab 4 / 5.

BVK Kl35 • Ilka Köhler: Sprachförderung mit Kindergartenkindern

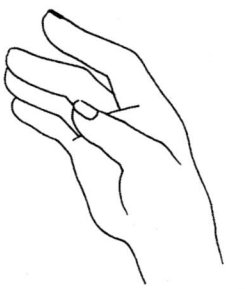

Die Handschnecke
(eine kinästhetische Handmassage)

Es war einmal ein wunderschöner Sommertag. Herrlich warme Sonnenstrahlen kamen vom Himmel und erwärmten die Erde.

Die kleine Schnecke „Händchen" wurde von den Sonnenstrahlen geweckt und kam, noch etwas müde, aus ihrem Häuschen hervorgekrochen.

Mit den Fingerkuppen zärtlich über den Handrücken und die Innenhand des Kindes streichen.

Auf dem erwärmten Erdboden bildete sich dort, wo die Schnecke „Händchen" entlanggewandert war, eine schleimige, gut sichtbare Spur.

Beginnend von der Handwurzel mit einem Daumen auf dem Handrücken bis in den jeweiligen Finger, mit etwas Druck ausstreichen.

Unsere Schnecke begann sich nun gemütlich in der Sonne zu räkeln und zu recken. Dadurch wackelte ihr Schneckenhaus mächtig hin und her.

Mehrmals mit der flachen Hand beginnend von der Handwurzel bis hin zu den Fingerspitzen in der Handinnenfläche mit etwas Druck ausstreichen.

Sie kam immer weiter aus ihrem Häuschen heraus und streckte dabei ihre Fühler ganz hoch in die warme Luft hinauf.

Mit dem Zeige- und Mittelfinger die Muskeln der Handinnenfläche massieren.

Nachdem die kleine Schnecke sich nun so viel hin und her bewegt hatte, zog sie sich wieder gemütlich in ihr Schneckenhäuschen zurück.

Die einzelnen Finger mit dem Daumen und Zeigefinger greifen, leicht an diesen ziehen und in den Gelenken leicht drehen.

Die einzelnen Finger mit dem Daumen und Zeigefinger greifen und diese der Reihe nach einrollen und in die Handinnenfläche drücken.

Doch plötzlich klopfte es außen am Häuschen. Unsere kleine Schnecke „Händchen" bekam lieben Besuch. Jeden einzelnen der Besucher begrüßte sie herzlich.

Die Hand ablegen – mit der anderen Hand den Daumen und die anderen Finger der Reihe nach „begrüßen".

Das war eine große Freude. All ihre Schneckenfreunde waren bei ihr zu Gast und so umarmten sie einander und feierten ein kleines Fest.

Die Finger zur Faust rollen und den Daumen darüberlegen, dann mit der anderen Hand umschließen, kurz festhalten und wärmen.

BVK Kl35 • Ilka Köhler: Sprachförderung mit Kindergartenkindern

Fühlbingo

Sommer

Material:
1 kleines blickdichtes Säckchen oder 1 Karton, in den Sie ein Greifloch hineinschneiden,
1 Stück Stoff (um das Loch im Karton von innen auszukleiden), Kartenfeld (siehe unten),
zu den Bildern auf den Kärtchen passende Gegenstände – aus der Natur oder als Spielzeug

Spielanleitung:
Stecken Sie die Gegenstände in das Säckchen/den Karton. Nun dürfen die Kinder in das
Säckchen/den Karton hineingreifen und fühlen. Dabei sollen sie beschreiben, wie sich der
Gegenstand anfühlt, zum Beispiel „Der ist ganz rau." Haben sie richtig erfühlt, um was es sich
handelt, dürfen sie den Gegenstand auf das passende Kartenfeld legen. Anschließend ist das
nächste Kind an der Reihe.

ab 4

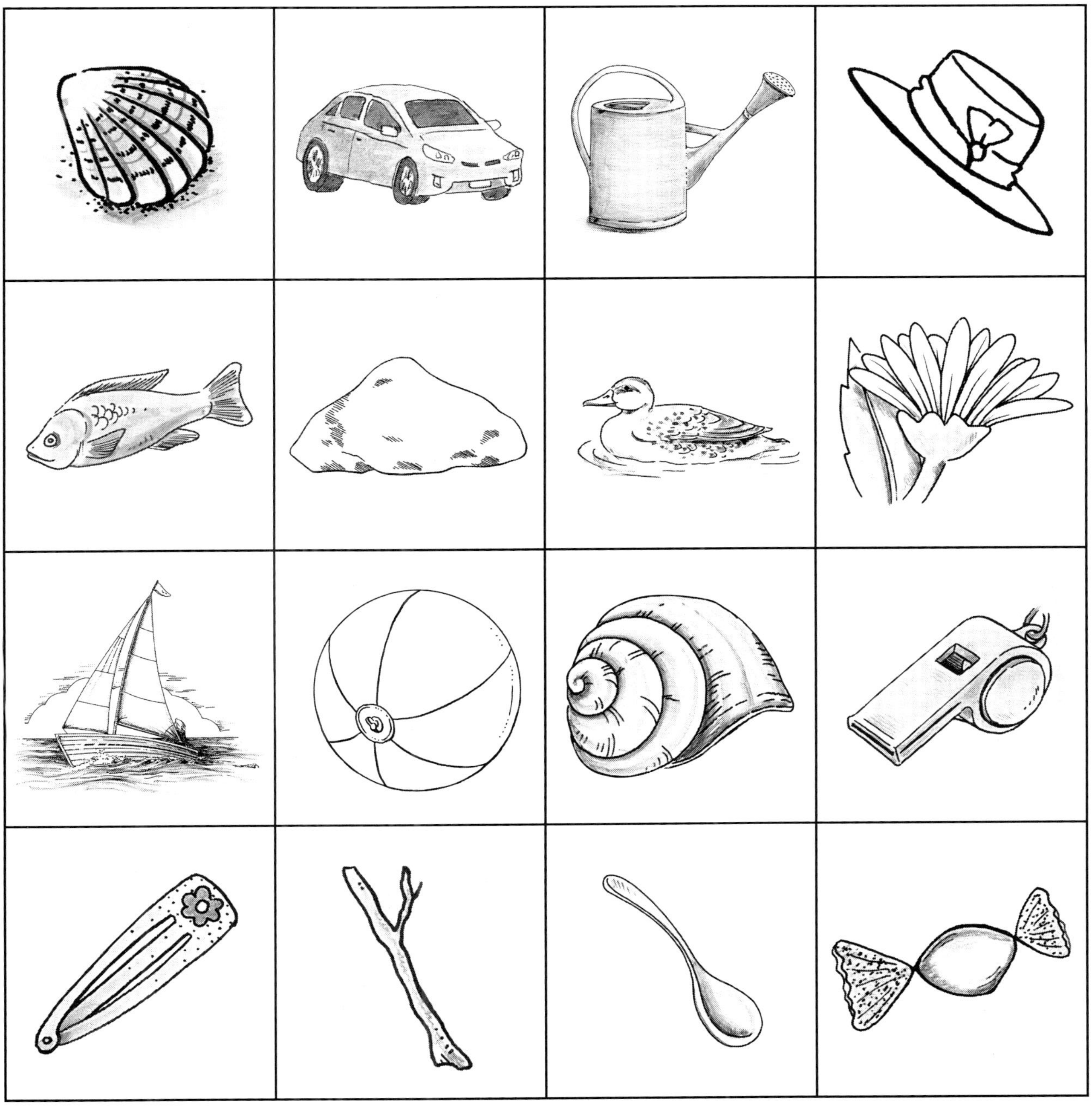

Sommerfingerspiele

Die Kinder sprechen die Reime mit und machen die passenden Bewegungen. Zudem können Sie nach einiger Zeit die eingeklammerten Reimwörter am Zeilenende weglassen und die Kinder sprechen die passenden Reimwörter selbst.

Material:
1 Schüssel mit Wasser

Im Sommer

Im Sommer, oh welch eine Wonne, da scheint die liebe, gute (Sonne).	*mit beiden Armen eine große Sonne in die Luft malen*
Wir fahren an den großen Strand, und bauen eine Burg aus (Sand).	*mit beiden Händen eine Burg in die Luft bauen*
Erst suchen wir uns schöne Muscheln, dann wollen wir ein wenig (kuscheln).	*mit beiden Händen über den Körper streichen und kuscheln*
Wir Kinder werden nass und nasser, denn wir toben in dem … (Wasser).	*mit beiden Händen Wasser spritzen (oder so tun als ob)*
Was es für eine Freude macht, wenn die liebe Sonne (lacht).	*mit dem Zeigefinger einen Lachmund malen und über das ganze Gesicht lachen*

5 kleine Kinderwaden

5 kleine Kinderwaden wollen an den Strand zum Baden.	*mit den Fingern der linken Hand über den Tisch laufen*
Wade 5 bemerkt voll Schreck Wade 6, die ist wohl weg.	*stehen bleiben, den Daumen anheben und suchend umherdrehen*
Sie wollte nicht zum Ostseestrand, blieb lieber an der and'ren Hand.	*den Daumen der rechten Hand ebenfalls anheben und suchend umherdrehen*
Doch die Waden 3 und 4 finden es recht lustig hier,	*abwechselnd den Zeige- und Mittelfinger der linken Hand anheben*
stapfen weiter Richtung Strand, hin zum warmen Sonnensand.	*mit dem Zeige- und Mittelfinger der linken Hand weiterlaufen*
Auch die Waden 1 und 2 kommen schnell zum Strand herbei,	*den Ringfinger und den kleinen Finger der linken Hand anheben*
springen nun ins kühle Nass, hei, das ist ein Sommerspaß!	*mit der linken Hand in eine Schüssel mit Wasser hüpfen und plantschen*

Hinweis:
Dieses Spiel eignet sich eher für größere Kinder, welche ihre Hände nach Vorzeigen selbstständig bewegen können. Zudem sollten die Kinder mit dem Körperteil „Wade" vertraut sein und wissen, dass Menschen im Normalfall immer zwei Waden haben.

BVK Kl35 • Ilka Köhler: Sprachförderung mit Kindergartenkindern

4/5

Suchbild „Einschulung"

👁 Findest du die 10 Unterschiede?

👄 Erzähle, was du siehst.

Sommer

ab 4

Ein Endloslied

Diese Zeilen beinhalten jeweils sechs Silben und lassen sich auf die Melodie von „In Holland steht ein Haus" von Gerhard Schöne singen. Wenn Sie mögen, können Sie noch viele weitere Strophen dazudichten.

Die Kita ist so schön

Refrain:
Die Kita ist so schön, die Kita ist so schön,
die Kita ist so schön, ja, ja,
mit 'nem Triller, mit 'nem Traller, mit 'nem Hoppsassa,
die Kita ist so schön, die Kita ist so schön.

1. Wir singen hier ein Lied ...

2. Wir drehen uns zum Tanz ...

3. Wir malen hier ein Bild ...

4. Wir basteln ein Geschenk ...

5. Wir kneten hier ein Tier ...

6. Wir spielen mit dem Kran ...

7. Wir bauen uns ein Haus ...

8. Wir lernen ein Gedicht ...

9. Wir buddeln hier im Sand ...

10. Wir trinken einen Tee ...

11. (Die / der ...) kocht / backt mit uns ...

12. (Die / der ...) liest / singt uns was vor ...

13. Wir singen noch einmal ...

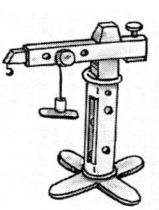

Tipp:

Zum Kindergartenabschluss der angehenden Schulkinder können Sie dieses Lied auch gemeinsam in der Vergangenheitsform singen: „Die Kita war so schön!"

BVK KI35 • Ilka Köhler: Sprachförderung mit Kindergartenkindern

Wir fahren in den Urlaub

Material:

Reifen, Straßenmalkreide oder Malerkreppband

Vorbereitung:

Markieren Sie mit Hilfe von Reifen, Straßenmalkreide oder Malerkreppband Urlaubsorte auf dem Boden – einen Urlaubsort weniger als Kinder mitspielen.

Spielanleitung:

Jedes Kind, bis auf eines, stellt sich nun in einen Urlaubsort. Der Spieler ohne Urlaubsort ruft oder singt: „Wir fahren in den Urlaub und wir fahren jetzt!" Bei dem Wort „jetzt" laufen alle Kinder los und suchen sich einen neuen Urlaubsort. Das Kind, das ohne Ort übrigbleibt, ist nun der Rufer.

Variante:

Das Spiel können Sie auch abwandeln, indem die Kinder den Namen eines ihnen bekannten Urlaubsortes / -landes oder einer -gegend wählen. Dabei wechseln nicht alle Kinder / Orte den Platz, sondern immer nur ein paar, zum Beispiel: „Berlin, Hamburg und München fahren in den Urlaub und sie fahren jetzt!" Dann dürfen nur die Kinder aus diesen Orten und das Kind ohne festen Ort laufen, die anderen Spieler bleiben stehen. Bei dieser Variante müssen die Kinder genau zuhören, welche Orte genannt werden.

4 / 5

✂ ....

Schneckenhopse

Material:

Straßenmalkreide, kleine Steine

Spielanleitung:

Für dieses Spiel malen Sie mit Straßenmalkreide eine große Schnecke mit 14 Feldern auf den Boden des Außengeländes. In das letzte Feld legen Sie mehrere kleine Steine hinein. Nun hopsen die Kinder abwechselnd in die Schnecke. Dabei sagen Sie den nachfolgenden Spruch auf. In der Mitte dürfen die Kinder sich einen Stein aussuchen. Wer schließlich ohne Fehler (ohne Übertreten oder das Berühren einer Linie) bis zum Schluss gehopst ist, darf seinen Stein behalten. Wer hat wohl am Ende die meisten Steinchen?

„Klei-ne Schne-cke schaut he-raus,   *jeweils pro Silbe in die Schnecke hinein-*
nun hops ich zu ihr ins Haus.   *hopsen, Stein nehmen*
Lie-be Schne-cke, ach wie fein,   *jeweils pro Silbe aus der Schnecke heraus-*
dan-ke für den schö-nen Stein.   *hopsen*

3 / 4

Es kann auch – je nach Altersstufe – beim Hopsen variiert werden. So können die Kinder mit beiden Beinen, nur mit dem rechten Bein, nur mit dem linken Bein oder nur in jedes zweite Feld springen.

Sommer

Sommer

Name: _____

Datum: _____

Mein Sommer im Jahr: _____

Das habe ich erlebt:

ab 3

Das habe ich gelernt:

Das habe ich gebastelt:

Das fand ich besonders schön:

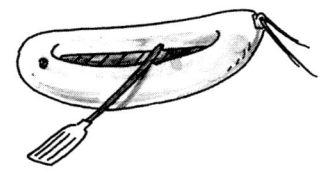

BVK Kl35 • Ilka Köhler: Sprachförderung mit Kindergartenkindern

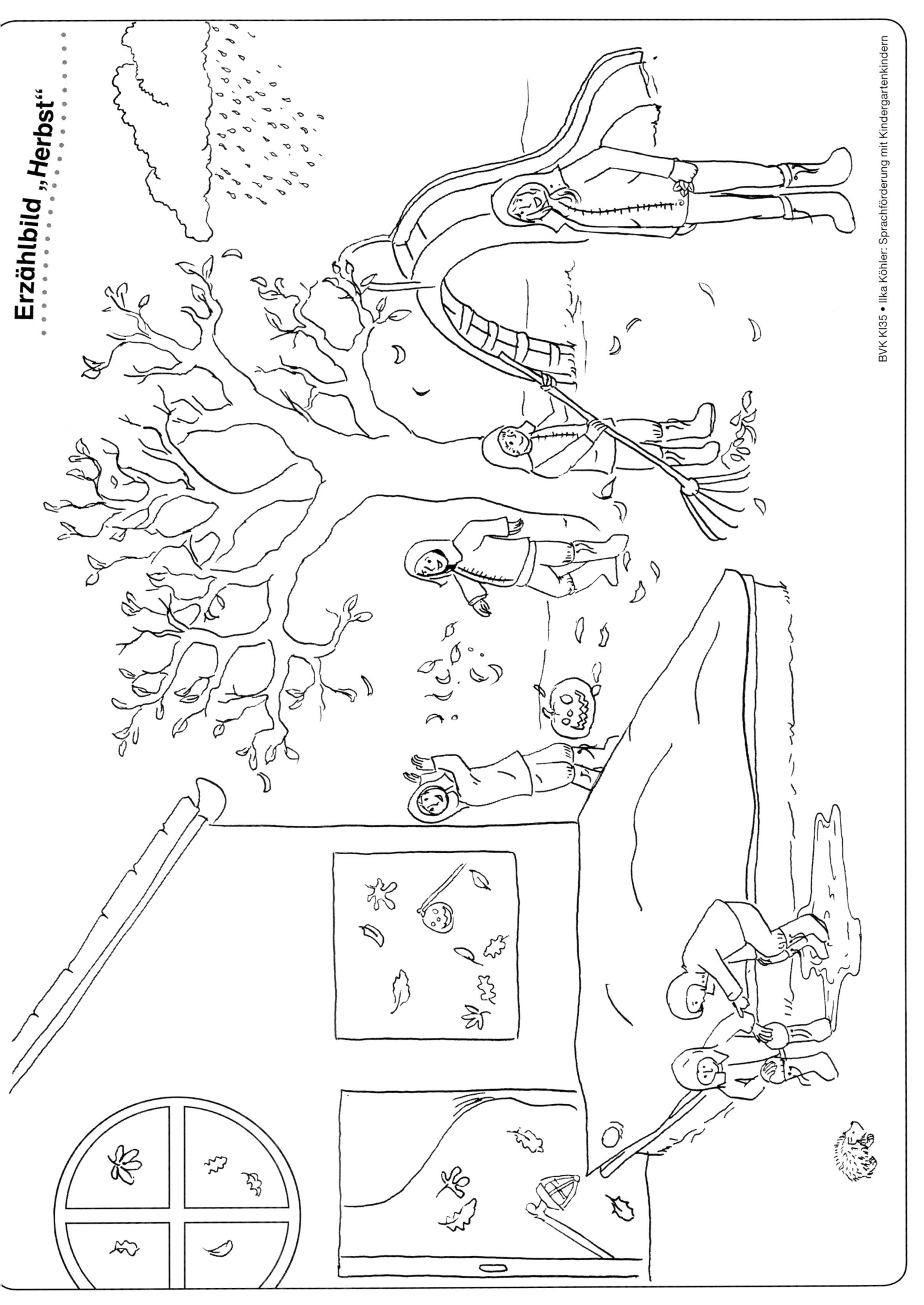

BVK KI35 • Ilka Köhler: Sprachförderung mit Kindergartenkindern

Einsatzmöglichkeiten des Erzählbildes

Fragen zum Bild / Reflexionsfragen:
- Was spielen die Kinder auf dem Bild?
- Welche Besonderheiten des Herbstes kannst du auf dem Bild entdecken? (ausgehöhlten Kürbis, Igel, Regenkleidung, Blätter fallen von den Bäumen, Laternen …)

Grammatik:
- *Silben klatschen:* Suche dir einen Gegenstand auf dem Bild aus und klatsche seine Silben, zum Beispiel: Kür – bis, La – ter – ne
- *Singular und Plural:* Lassen Sie die Kinder die Pluralformen zu den Wörtern auf dem Bild bilden, zum Beispiel: das Blatt – die Blätter, der Igel – die Igel

Wortschatzerweiterung / Erzählanlässe:
- *Kleidung im Herbst:* Was trägst du im Herbst? / Was tragen die Kinder auf dem Bild? (Gummistiefel, Matschhose / Regenhose, Regenjacke, Schal, Mütze …)
- Woran kannst du erkennen, dass es Herbst geworden ist?
- Was spielst du am liebsten im Herbst?
- Welche Farben hat der Herbst?
- Welche Feste feiern wir im Herbst? (Erntedankfest, St. Martin, Halloween, Allerseelen …)

ab 3

BVK KI35 • Ilka Köhler: Sprachförderung mit Kindergartenkindern

✂ ··

Bewegungsspiel: Drachenhopse

Material:
Straßenmalkreide

Spielmöglichkeit:
Für dieses Spiel malen Sie mit Kreide einen großen Drachen mit je drei Schleifen links und rechts und einem großen Lachmund auf den Boden. Nun kann mit geschlossenen Beinen losgehopst werden.

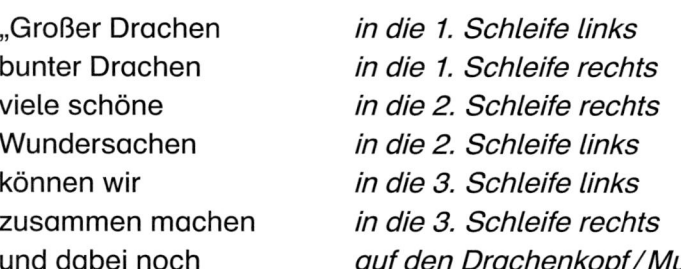

„Großer Drachen	*in die 1. Schleife links*
bunter Drachen	*in die 1. Schleife rechts*
viele schöne	*in die 2. Schleife rechts*
Wundersachen	*in die 2. Schleife links*
können wir	*in die 3. Schleife links*
zusammen machen	*in die 3. Schleife rechts*
und dabei noch	*auf den Drachenkopf / Mund hopsen*
herzhaft lachen.	*auf dem Drachenkopf / Mund drehen*
Eins, zwei, drei,	*mit gespreizten Beinen (eines links, eines rechts)*
	durch die drei Schleifen zurückhopsen
das Hopsen ist vorbei."	*mit geschlossenen Beinen an den Anfang zurückspringen*

4 / 5

BVK KI35 • Ilka Köhler: Sprachförderung mit Kindergartenkindern

Herbstdomino (Hinweis s. S. 5)

Herbst

ab 4

Atemspiele

Hierbei handelt es sich um spielerische Übungen, mit welchen gezielt das bewusste
Ein- und Ausatmen der Kinder gefördert wird. Sie trainieren dabei sowohl ihre Atem-
kontrolle als auch ihr Atemvolumen. Natürlich können diese spaßigen Herbstwindspiele
auch zu anderen windigen Gelegenheiten eingesetzt werden.

Atemübung 1:

Stehen Sie gemeinsam mit den Kindern in einem Kreis und halten Sie Ihren angewinkelten Arm
vor den Oberkörper. Nun atmen Sie gemeinsam ein und aus. Diese Atmung veranschaulichen
Sie den Kindern durch das Heben (Einatmung) und Senken (Ausatmung) Ihres Armes. Steht Ihr
Arm still, so bedeutet dies eine Atempause.
Sie können auch testen:
• Wer kann am längsten einatmen?
• Wer kann am längsten die Luft auspusten?

Atemübung 2:

Bitten Sie die Kinder, sich mit dem Rücken auf den Boden zu legen. Nun atmen die Kinder
wieder ein und aus. Dabei sollen sie darauf achten, wie sich ihre Bauchdecke hebt und senkt.
Zur Verdeutlichung und zum Spaß können Sie den Kindern anschließend verschiedene
Gegenstände (z. B. Hefte / Bücher / Kuscheltiere) auf den Bauch legen, welche die Kinder
durch bewusstes Atmen anheben und absenken.

Tipp:

Im Herbst / Advent bieten sich auch Pustespiele mit Kerzen an: Wer kann
wie viele Kerzen (beim Lichterfest / vom Adventskranz) auspusten?

Silbensingen:

Atmen Sie mit den Kindern langgezogen aus. Experimentieren Sie dabei,
welche Töne mit dem Mund beim Ausatmen erzeugt werden können
(z. B. mit der flachen Hand vor dem Mund vibrieren (= Indianerruf), mit nur
einem Finger vor dem Mund durch Veränderung der Mundform vibrieren …).
Singen Sie anschließend Silben in einem Rhythmus vor und lassen Sie
die Kinder diese lustigen Silben nachsingen:
• La-li-li-la-la-lo
• Hu-hu-hi-ha-ha-ho
  Schnie-schna-schnu-schna-schna-schnapp

Lieder summen:

Summen Sie den Kindern einfache Melodien vor und lassen Sie die Kinder das gesummte
Lied erraten. Als Wettspiel können Sie die Kinder dazu in Gruppen aufteilen und mit Punkten
bewerten, wer die meisten Lieder erkannt hat.
Wenn es sich einige Kinder zutrauen, können auch diese die Aufgabe des Vorsummers
übernehmen.
Möglich ist auch, dass ein zuvor benanntes Kind beginnt und ein Lied summt. Das Kind,
welches dieses Lied zuerst erkannt hat, darf nun das nächste Lied vorsummen.

BVK Kl35 • Ilka Köhler: Sprachförderung mit Kindergartenkindern

Entspannungsgeschichte (1)

Herbst

ab 3

Dauer: Für diese Entspannungsgeschichte benötigen Sie eine Vorlesezeit von ungefähr zehn Minuten. Lesen Sie die Geschichte schneller, wird sich der erwünschte Entspannungseffekt nicht so gut einstellen.
Sind Ihre Kinder jedoch noch sehr klein und können noch nicht so lange zuhören, sollten Sie die Geschichte etwas kürzen.
Die Punkte markieren all jene Stellen, bei denen der Vorleser für eine tiefe Atempause zur Ruhe kommen muss, wodurch er seinen kleinen Zuhörern eine nachhaltige Entspannung vermitteln soll.

Umfeld: Es ist vorteilhaft, wenn eine leise, entspannte, instrumentelle Musik im Hintergrund läuft, welche die Kinder und den Erzähler zusätzlich beruhigt.

Position: Ideal wäre es, wenn Ihre Kinder die Möglichkeit haben, sich zugedeckt in einem etwas abgedunkelten Raum auf den Boden bzw. auf Matten zu legen.
Sollte dies nicht möglich sein, kann diese Entspannungsgeschichte natürlich auch angewendet werden, wenn die Kinder eine ähnlich bequeme Haltung einnehmen (z. B. auf einem Stuhl sitzend).

Hinweis: Die Kinder sollten während der Entspannungsgeschichte, wenn möglich, ihre Augen schließen, denn der Augenschluss erhöht ihren Blick ins Innere.

Ein Herbstspaziergang

Lege dich bequem auf den Rücken • Decke dich zu • schließe deine Augen • und komme mit mir • auf eine Reise • Spüre deinen Körper • horche in dich hinein • Achte darauf • ob du eine angenehme Haltung hast • oder ob dich etwas drückt • oder sich unbequem anfühlt • Dann rücke dich noch einmal zurecht • und lausche • auf die leise Musik • im Hintergrund • Versuche • allmählich • zur Ruhe zu kommen • Atme dabei • tief • durch deine Nase ein • und • durch deinen geöffneten Mund • wieder aus • Immer weiter • ein • und aus • ein • und aus.

Stelle dir nun vor • du bist • mit deiner Mama • draußen an der frischen Luft • und der Herbstwind • weht dir leicht um die Nase • Du machst den Reißverschluss von deiner Windjacke • bis zum Kinn zu • sodass dir nicht kalt wird • und fasst deine Mama an der Hand • Gemeinsam • lauft ihr den Bürgersteig • in Richtung Park entlang • Im Park angekommen • siehst du • wie der Herbstwind • nach • und nach • die Blätter • von den Bäumen weht • Langsam • segeln sie durch die Luft • bis sie schließlich • auf der Erde landen • Dort • hat sich schon ein richtiger Blätterteppich angesammelt • Rote • gelbe • und braune Blätter • liegen kreuz • und quer durcheinander • Blätter • von all den verschiedenen Bäumen • die hier im Park wachsen • Du entdeckst Ahornblätter • und Blätter von Eichen • und von Kastanien • Du lässt die Hand • deiner Mama los • und gehst • auf den von Blättern bedeckten Rasen zu • Mit deinen Füßen • raschelst du durch die Blätter • und gehst hin • und her • und die Blätter • rascheln dabei immer weiter • Ihr habt extra eine Einkaufstüte mitgenommen • und nun sammelst du • ganz unterschiedliche Blätter ein • um damit zu Hause ein schönes Bild zu kleben • Du hast jetzt • ein gelbes Eichenblatt • ein braunes Blatt • von einer Kastanie • und allerlei rote Blätter • von der Buche gesammelt • Auch einige • von den herumliegenden Kastanien • steckst du in die Tüte • Manche Kastanien • haben noch ihre stachelige Hülle um • und sehen aus • wie kleine Igel •

BVK Kl35 • Ilka Köhler: Sprachförderung mit Kindergartenkindern

Entspannungsgeschichte (2)

Diese Hüllen · möchtest du mit nach Hause nehmen · und für eure Herbstdekoration verwenden · Vorsichtig · fasst du eine · nach der anderen an · um dich an ihnen · nicht zu pieken · Jetzt gehst du langsam · einige Schritte weiter · und unter der großen · uralten · Eiche · sammelst du noch · nach · und nach · einige besonders schöne Eicheln · in die Tüte · Damit · kannst du später · kleine Tiere basteln· Allmählich · wird die Tüte nun voll · und immer voller · Du bringst die nun sehr volle · schwere Tüte · zu deiner Mama · und bittest sie · dir beim Tragen zu helfen · Gemeinsam fasst ihr die Tüte an · und macht euch · ganz in Ruhe · auf den Heimweg · Dabei · bist du in Gedanken · schon beim Basteln · und du überlegst dir · welche Tiere du · mit deinen Herbstschätzen · gestalten kannst · Du kannst jetzt auch noch überlegen · welche Tiere · du schon einmal aus Eicheln · oder aus Kastanien · gestaltet hast · Erinnere dich · wie diese aussahen · und wie du sie gebaut hast.

Während du · auf die Blätter und Eicheln geachtet hast · bist du völlig zur Ruhe gekommen · Jetzt · bist du vollkommen entspannt · Verabschiede dich nun · von deinem Herbstspaziergang · und komme langsam wieder zurück · von deiner Reise · Spüre die wohlige Wärme · die dich umgibt · Du liegst wieder hier · im Raum · unter deiner kuscheligen Decke · und öffnest · ganz allmählich · deine Augen · Atme weiter bewusst ein · und aus · Gähne einmal kräftig · streiche deine Augen aus · und recke · und strecke dich.

(aus: Ilka Köhler: Entspannungsgeschichten für Kinder. © BVK Buch Verlag Kempen, Kempen, 2019, 5. Aufl.)

Vielleicht möchten Sie selbst einmal eine Entspannungsgeschichte verfassen.
Als Hilfestellung können Sie das folgende Herbstbild nutzen.

Suchbild „St. Martin"

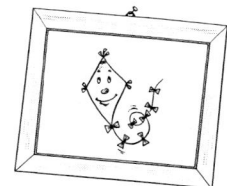

👁 Findest du die 10 Unterschiede?

👄 Erzähle, was du siehst.

BVK Kl35 • Ilka Köhler: Sprachförderung mit Kindergartenkindern

Quatschgeschichte

Diese Geschichte wird den Kindern vorgelesen. Die Kinder müssen dabei konzentriert zuhören und die falschen Wörter suchen. Meist sind die Kinder sehr begeistert von solchen Geschichten und rufen die richtigen Wörter laut heraus. Besprechen Sie deshalb vorher, wie die Kinder reagieren sollen, wenn sie ein falsches Wort hören (z. B. indem sie laut „Fehler" rufen).

Liebe Kinder,
ich möchte euch heute etwas über den wundervollen Herbst erzählen. Manchmal bin ich allerdings etwas durcheinander. Ich hoffe, ihr könnt mir dabei helfen, die Fehler zu finden. So, ihr Lieben, jetzt geht es los:

Den Herbst mag ich besonders gern, denn dann kommt **der Osterhase.** — *St. Martin*

Außerdem fallen die Blätter von den Bäumen und manchmal bläst dann **die Sonne** und wirbelt alle Blätter durch die Luft. — *der Wind*

Es gibt jetzt viele Bäume mit roten, gelben und **blauen** Blättern. — *braunen*

Das sieht ganz schön bunt aus. Außerdem fallen jetzt die **Blüten** von den Bäumen. — *Blätter*

Für uns Menschen gibt es im Herbst reife Früchte an den Bäumen: Äpfel, Pflaumen und **Möhren.** Wir können jetzt natürlich noch viele andere Obst-, Gemüse- und Getreidesorten ernten, deshalb feiern wir ein großes Erntefest. — *Birnen*

Ein anderes Fest im Herbst heißt Halloween. Dazu werden große **Melonen** ausgehöhlt, mit Gesichtern verziert und beleuchtet vor das Haus gestellt. — *Kürbisse*

Am Halloweentag gibt es Süßigkeiten für die **Erwachsenen,** welche verkleidet von Haus zu Haus laufen und dabei kleine Sprüche oder Gedichte aufsagen. — *Kinder*

Im Herbst ist das Wetter oft **sonnig,** deshalb kann ich nicht jeden Tag draußen spielen. — *regnerisch*

Ich kann auch am Himmel beobachten, wie sich die Vögel sammeln, um wieder in den **Norden** zu fliegen. Schön finde ich es aber auch, wenn der Wind so richtig bläst und ich meinen selbst gebastelten Drachen steigen lassen kann. Das macht großen Spaß! — *Süden*

- Wisst ihr nun, weshalb ich den Herbst so sehr mag?
- Was gefällt euch am besten am Herbst?

BVK Kl35 • Ilka Köhler: Sprachförderung mit Kindergartenkindern

Halloweenreime

Klicks, Klacks, Klecks,
hier kommt die kleine Hex',
mit ihrem großen Hexenhut,
Süßigkeiten schmecken gut.
Liebe Leute, ich danke euch sehr,
nächstes Jahr komm ich wieder her.

Siba, Saba, Sauber,
nun folgt ein kleiner Zauber.
Zaubert uns was Süßes raus,
schon gehen wir zum nächsten Haus.

Spinnenbein und Krötenschleim
Halloween bei Kürbisschein,
nun kommen all die Kinderlein.
Machen einen Heidenkrach,
steigen euch aufs Häuserdach.
Doch schenkt ihr ihnen Leckerein,
wird es wieder leise sein.
Huhuuuuuuuuuui!

Bekommt keinen Schreck,
wir sind bald wieder weg.
Wir wollten nur sehen,
wo die Kürbisse stehen.
Und uns erlauben,
was Süßes zu rauben.

Rumpel-di-deister,
hier kommen die Geister,
auf leisen Sohlen,
um Süßes zu holen.
Denn unsere Taschen, die sind leer,
gebt uns doch was Süßes her.

Ich bin kein Dieb,
war immer lieb.
Drum gebt mir was zum Naschen,
denn ich habe leere Taschen.

Heute Nacht ist Halloween,
Geister durch die Straßen zieh'n.
Sie zischen, heulen und sie lachen,
machen lauter dumme Sachen,
Krächzen lauter als die Raben.
Ja, wollt ihr eure Ruhe haben,
besänftigt uns mit süßen Gaben.

ab 4

Das Licht an dieser schönen Tür
zeigt, Kinder sind willkommen hier.
Heut' ziehen wir von Haus zu Haus
und klingeln alle Leute raus.

(© Nicole Czaja)

Kleine Hexen, Feen und Geister
lieben süßen Zuckerkleister.
Heute ziehen wir durch die Stadt
und essen uns an Süßem satt.

(© Nicole Czaja)

Apfellied

Wenn der Apfel aber nun vom Baum fällt

Herbst

1. Wenn der Apfel aber nun vom Baum fällt, lie-ber Hein-rich, lie-ber Hein-rich? Iss ihn auf lie-be lie-be Lie-se, lie-be Lie-se, iss ihn auf.

Text: Ilka Köhler
Melodie: traditionell nach „Wenn der Topf aber nun ein Loch hat"

5/6

2. Wenn der Apfel aber nun doch Kerne hat …?
Spuck sie aus …

3. Wohin soll ich sie denn spucken …?
In den Pflanzkübel …

4. Wenn die Kerne aber dann noch keimen …?
Pfleg den Sprössling …

5. Wie soll ich denn den Sprössling pflegen …?
Reichlich gießen …

6. Wenn der Sprössling aber immer größer wird …?
Pflanz ihn um …

7. Wohin soll ich ihn denn umpflanzen …?
In den Garten …

8. Wenn der Spross aber dann ein Baum wird …?
Sprießen Blüten …

9. Wenn die Blüten aber dann verblühen …?
Reifen Früchte …

10. Wenn die Früchte aber endlich reif sind …?
Sind es Äpfel …

11. Wenn der Apfel aber nun vom Baum fällt …

Portfolio

Herbst

Herbst

Name: _____

Datum: _____

Mein Herbst im Jahr: _____

Das habe ich erlebt:

Das habe ich gelernt:

Das habe ich gebastelt:

Das fand ich besonders schön:

BVK Kl35 • Ilka Köhler: Sprachförderung mit Kindergartenkindern

Einsatzmöglichkeiten des Erzählbildes

Winter

Fragen zum Bild / Reflexionsfragen:
- Was spielen die Kinder auf dem Bild?
- Womit sind die Fenster geschmückt? Wie sind die Fenster bei euch geschmückt?

Grammatik:
- *Zahlwörter:* Wie viele Schneeflocken siehst du in den einzelnen Fenstern / wie viele Knöpfe siehst du auf den Jacken der Kinder / auf dem Schneemann ...?
- *Präpositionen:* Die Kinder sollen zum Beispiel folgende Fragen beantworten:
  - Wo sitzt der Junge? (Der Junge sitzt auf dem Schlitten.)
  - Wo sitzt der Vogel? (Der Vogel sitzt auf dem Ast.)
  - Wo ist der Schneemann? (Der Schneemann ist zwischen der Erzieherin und dem Kind.)

Wortschatzerweiterung / Erzählanlässe:
- Sammeln Sie mit den Kindern Wörter, die mit „Schnee-" anfangen (Schneemann, Schneeflocke, Schneehase, Schneeglöckchen, Schneeball, Schneepflug ...) Als Ergänzung können Sie das Arbeitsblatt auf der Seite 97 (Wörterpuzzle) einsetzen.
- Woran denkst du beim Winter? (Die Bäume sind kahl, wir gehen Schlittschuh fahren, wir feiern Weihnachten, wir können an Silvester ein Feuerwerk ansehen ...)
- Was spielst du am liebsten im Schnee?
- Hast du auch schon einmal einen Schneemann gebaut? Wer hat dir dabei geholfen?

ab 3

Bewegungsspiel

Winter

Schneeschiebewettkampf

Material:
je nach Anzahl der Mannschaften: „Schneebälle" aus geknülltem Zeitungspapier, Schneeschieber (oder Besen), Mützen, Schals, Handschuhe, Jacken, Kegel / Eimer

Spielanleitung:
Die Kinder werden in Gruppen eingeteilt. Die Gruppen stellen sich an einer Linie jeweils hinter-einander auf. Auf der gegenüberliegenden Seite befindet sich eine Begrenzung (Kegel, Eimer ...), welche von dem Kind mit dem Schneeschieber umschoben werden muss. Jede Gruppe erhält einige „Schneebälle". Auf ein Startzeichen hin müssen sich die ersten Kinder der Mannschaften mit den Kleidungsstücken anziehen, den Schneeschieber greifen und so schnell wie möglich einen (oder mehrere) Schneebälle bis zur gegenüberliegenden Seite und wieder zurück schieben. Wieder bei seiner Mannschaft angekommen, zieht sich das Kind schnell aus und übergibt die Kleidungsstücke an das nächste Kind.
Hierbei können Sie Aufgaben vorgeben wie: „Dieses Mal nur die Mützen anziehen.", oder „Dieses Mal keine Mützen anziehen.". Dadurch müssen die Kinder genau zuhören und gut überlegen, wie sie weiter vorgehen sollen.

ab 3

Wunschballons

Die Wunschballons eignen sich entweder als Wunschzettel für den Weihnachtsmann oder als Wunschballon für Neujahr (ähnlich den inzwischen verbotenen Himmelslaternen).

Material:
pro Kind 1 Luftballon, farbige Stifte, buntes Papier, Schleifenband, evtl. (Spielzeug-)Kataloge, Scheren, evtl. Lineal und Bleistift, 1 Aufblashilfe, evtl. Luftballongas (Helium)

Spielanleitung:
1. Die Kinder schneiden aus dem farbigen Papier kleine Zettelchen aus. Dafür können Sie ggf. Linien vorziehen oder die größeren Kinder ziehen mit Ihrer Hilfe Linien vor.

2. Besprechen Sie nun gemeinsam mit den Kindern:
   - Was wünschst du dir zu Weihnachten / für das neue Jahr besonders?
   - Welche Wünsche könnten sich erfüllen, welche eher nicht? Welche Wünsche könnte dir zum Beispiel der Weihnachtsmann / das Christkind erfüllen? (Hierbei ist Fingerspitzengefühl gefragt. Sprechen Sie mit den Kindern je nach Situation über erfüllbare und nicht erfüllbare Wünsche, zum Beispiel die kranke Omi gesundmachen)
   - Was hättest du außerdem noch gerne?

3. Schreiben Sie diese Wünsche für die Kinder auf die Zettel oder lassen Sie die Kinder kleine, passende Bilder dazumalen. Zusätzlich können die Kinder die ausgeschnittenen Katalogfotos mit auf die Zettel kleben.

4. Lassen Sie nun die Kinder die Zettel entweder in die Ballons stecken und anschließend aufblasen (evtl. mit einer Aufblashilfe) oder die Zettel mit Hilfe des Schleifenbands an die aufgeblasenen Luftballons anbinden.

5. Überlegen Sie vorab entweder im Team oder mit den Eltern, ob Sie bei den Luftballons die Adresse Ihrer Einrichtung oder die des Kindes mit angeben möchten.

6. Sollten Sie die Möglichkeit haben, diese Wunschballons mit Helium in die Luft steigen zu lassen, wäre es ideal. Ansonsten suchen Sie sich mit den Kindern einen hohen Punkt in Ihrer Gegend und windiges Wetter aus, um die Ballons abzuschicken.

Wörterpuzzle (Hinweis s. S. 5)

Bilde zusammengesetzte Wörter mit „Schnee",
zum Beispiel Schneemann.

Winter

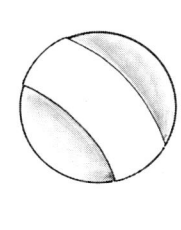

5/6

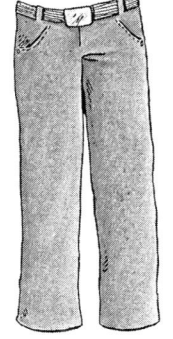
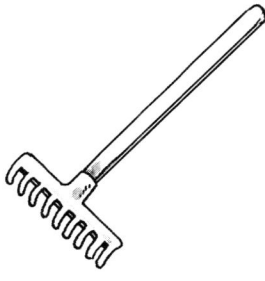

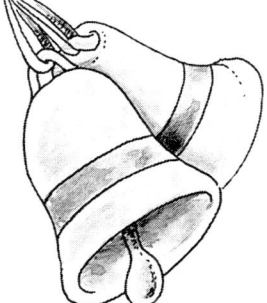

BVK Kl35 • Ilka Köhler: Sprachförderung mit Kindergartenkindern

Tiere im Winter

1. Besprechen Sie gemeinsam mit den Kindern, welche Tiere auf dieser Seite abgebildet sind (winteraktive Tiere) und wie sie den Winter verbringen. Hierbei können Sie auch auf das benötigte Futter für diese Tiere eingehen und evtl. ein Vogelhaus für die Meisen aufbauen oder einen Apfel für die Amseln herauslegen.

2. Überlegen Sie gemeinsam, welche Tiere es noch bei uns gibt und wie diese den Winter verbringen. Lassen Sie sich erzählen, was die Kinder bereits wissen, beispielsweise: der Storch fliegt nach Afrika und der Igel hält Winterschlaf.

3. Nun können Sie sich mit den Kindern auf Entdeckungstour durch Ihren Ort, in den Wald oder in einen Tierpark begeben. Hierfür sollten Sie einen Fotoapparat mitnehmen und die gefundenen Tiere im Winter dokumentieren. Die Fotos können Sie im Gruppenraum auf Augenhöhe der Kinder befestigen. Ersatzweise können Sie auch Bilder aus Zeitschriften verwenden oder die ausgemalten Bilder auf dieser Seite nutzen.

Winterreime

Das Futterhaus

Im Winter ist es bitterkalt,
und Fressen gibt es kaum im Wald,
weshalb die Tiere Hunger haben,
sie freuen sich auf uns're Gaben.

Drum bauen wir ein Futterhaus,
für Reh und Hase, Schwein und Maus.
Da kommt hinein in jedes Loch,
das Futter für die Tiere noch.
Denn eins, das dürft ihr nicht vergessen,
auch die Tiere brauchen Fressen.

Potz Blitz und Ei der Daus

Potz Blitz und Ei der Daus,
seht doch mal zum Fenster raus.

mit beiden Händen ein Viereck formen und hindurchschauen

Keiner hätte das gedacht,
dass Frau Holle sowas macht.

mit dem Kopf schütteln

Sowas gab es doch noch nie,
schüttelt jetzt die Pechmarie?

mit den Armen Bewegungen machen wie beim Aufschütteln von Betten

Keine dicken, weißen Flocken,
Sonnenschein, der will uns locken.

mit einem Zeigefinger die Kinder locken

Blauer Himmel ist zu sehen,
das wird nichts mit Rodelngehen.

mit den Beinen auf der Stelle gehen

Doch Kinder seht mal 1-2-3,
zaubern wir den Schnee herbei.

mit den Fingern die Zahlen 1-2-3 darstellen

Und bei unseren Zauberflocken
bleibt keiner mehr am Boden hocken.

mit den Zauberflocken umherwerfen

Hinweis:
Für das Ende dieses Reimes benötigen Sie einen Eimer oder kleinere Beutel gefüllt mit
„Zauberflocken" (z. B.: weiße, mit dem Locher gestanzte Kreise, Taschentuchschnipsel,
Wattebällchen …). Diese dürfen die Kinder zum Schluss mit Begeisterung verteilen.
Sollte dieser Schneespaß nicht möglich sein, können Sie die letzte Strophe auslassen
und verändern die vorletzte Strophe in:
Und Kinder glaubt mir 1-2-3,
bald schon kommt der Schnee herbei!

👁 Wie viele Luftballons findest du?

BVK Kl35 • Ilka Köhler: Sprachförderung mit Kindergartenkindern

Fantasiegeschichte

Diese Geschichte können Sie den Kindern entweder nur vorlesen oder sich mit ihnen im Anschluss gemeinsam an verschiedene Fantasieerlebnisse „erinnern". Natürlich können die Kinder zu der Geschichte auch ein Bild gestalten und ihr „Erlebnis" mit den Dreien dazumalen.

Liebe Kinder,
ich bin ja schon ganz aufgeregt, denn bald ist nämlich Weihnachten. Könnt ihr euch noch erinnern, an Weihnachten im letzten Jahr? Das war ein Quatsch …

Da hatten doch tatsächlich der Osterhase und der Nikolaus den Wecker vom Weihnachtsmann verstellt. Und weil die beiden die Kinder so gerne hatten, haben sie den Wecker einfach so eingestellt, dass der Weihnachtsmann einen Monat zu früh dran war.

ab 4

Na, da war was los. Mitten im November stand der Weihnachtsmann plötzlich hier bei uns in der Stadt. Er schaute in die Fenster und wurde ganz traurig. Keine festlich geschmückten Weihnachtsbäume standen in den Wohnzimmern und auch keine aufgeregten Kinder erwarteten ihn.
In den Straßen traf er zwar einige Kinder, doch sie guckten ihn ganz erstaunt an.

Irgendwie war es anders als sonst. Es war auch noch recht warm, es gab keinen Frost und kein Schnee fiel vom Himmel. So schwitzte der Weihnachtsmann in seinem dicken Mantel und mit seinem dichten Bart. Langsam wurde er traurig. Was hatte das nur zu bedeuten?

Na, das kann ich euch sagen, der Osterhase und der Nikolaus machten aber, dass sie zum Weihnachtsmann kamen und klärten ihn auf. Sie wollten schließlich nicht, dass der Weihnachtsmann traurig war. Sie wollten nur einen Spaß mit ihm machen.
Darüber war der Weihnachtsmann so froh, dass er laut lachen musste.
So laut, dass er euch aus eurem Mittagsschlaf weckte. Der Weihnachtsmann, der Osterhase und der Nikolaus saßen nämlich ausgerechnet hier bei uns im Garten. Zuerst bekamen wir natürlich einen großen Schreck, dann sahen wir im Garten nach und dort saßen die drei und lachten und lachten und lachten. Ja und wir?

Wir hatten nun in unserem Kindergarten für die nächsten vier Wochen drei lustige Gäste. Der Weihnachtsmann wollte nämlich nicht noch einmal zum Nordpol zurück, sondern hier bei uns auf den Heiligen Abend warten. Ja und der Osterhase und der Nikolaus hatten ihm die Suppe eingebrockt und blieben deshalb gemeinsam mit ihm hier bei uns.
Erinnert ihr euch noch, was wir da alles erlebt haben?

Winterlied

Juchha – Juchha

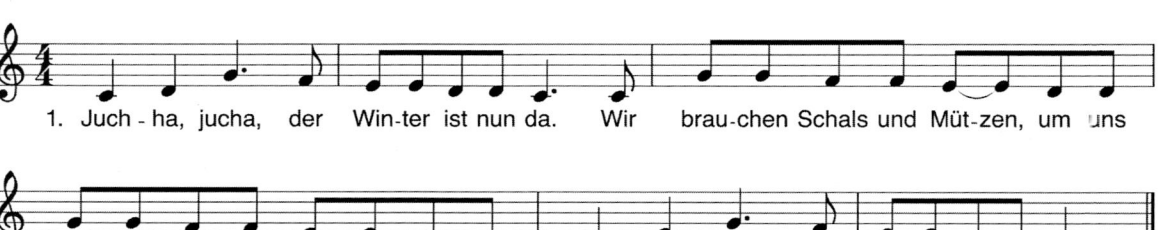

1. Juch - ha, jucha, der Win-ter ist nun da. Wir brau-chen Schals und Müt-zen, um uns vor - m Frost zu schüt-zen. Juch - ha, Juch - ha, der Win - ter ist nun da.

2. Juchha, juchhe,
   im Garten liegt der Schnee.
   Alle gehen aus dem Haus
   und holen ihre Schlitten raus.
   Juchha, Juchhe,
   im Garten liegt der Schnee.

3. Juchha, juchhi,
   so schön war es noch nie.
   Auch ein Schneemann wird gebaut,
   der lustig in die Gegend schaut.
   Juchha, juchhi,
   so schön war es noch nie.

4. Juchha, juchhu,
   der Schnee deckt alles zu.
   Alle Wege sind nun weiß,
   selbst unser See ist voller Eis.
   Juchha, juchhu,
   der Schnee deckt alles zu.

5. Juchha, juchhei,
   der Winter ist vorbei.
   Nun hat es genug geschneit,
   doch es war eine schöne Zeit.
   Juchha, juchhei,
   der Winter ist vorbei.

ab 4

Text: Ilka Köhler
Melodie: traditionell nach „Abc, die Katze lief im Schnee"

Winter

Winter

Name: _____

Datum: _____

Mein Winter im Jahr: _____

Das habe ich erlebt:

Das habe ich gelernt:

Das habe ich gebastelt:

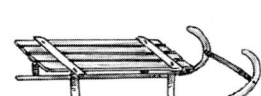

Das fand ich besonders schön:

BVK Kl35 • Ilka Köhler: Sprachförderung mit Kindergartenkindern

3/4

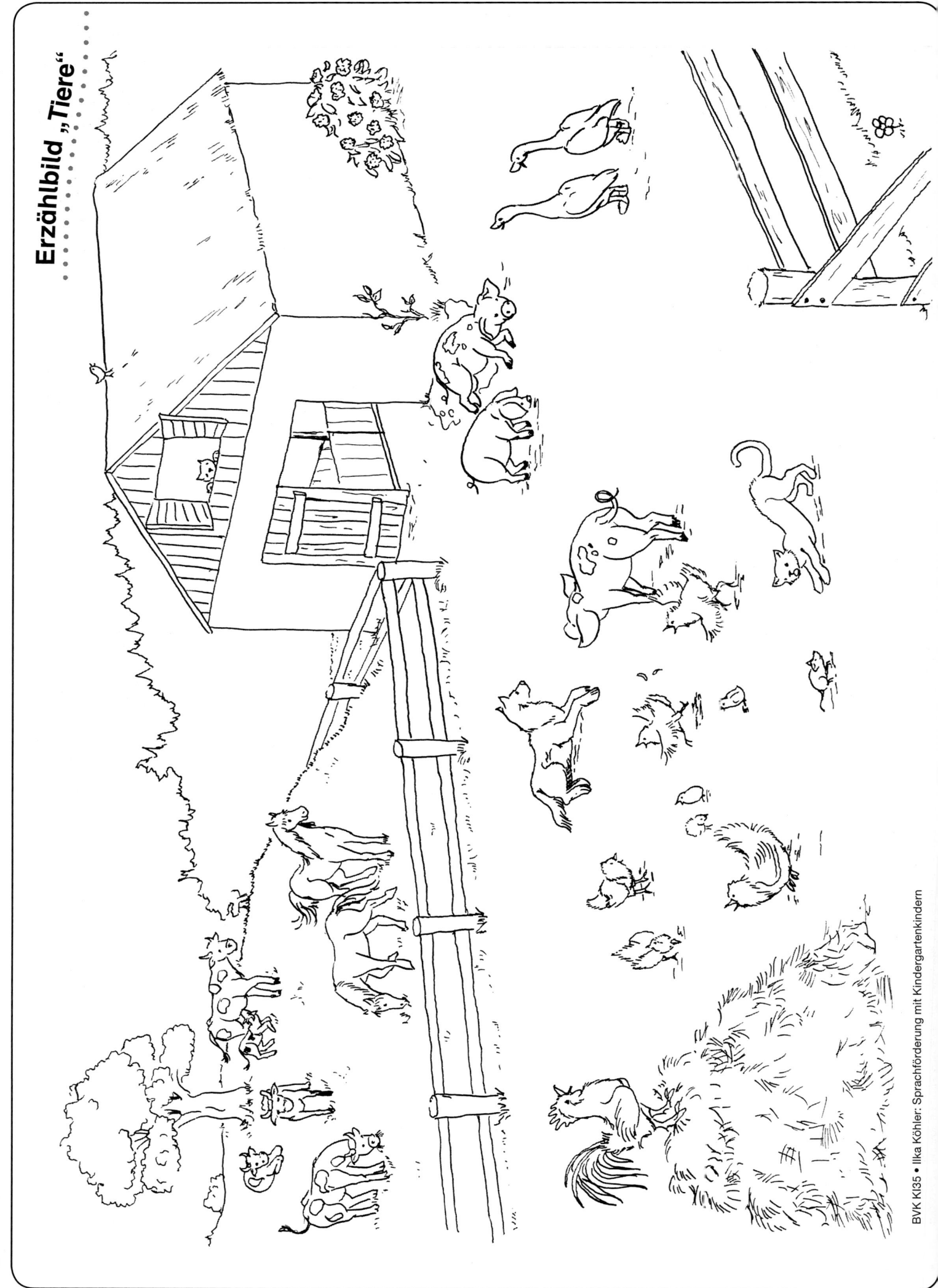

Einsatzmöglichkeiten des Erzählbildes

Tiere

Fragen zum Bild / Reflexionsfragen:
- Welche Tiere kannst du auf dem Bild entdecken?
- Wie viele Tiere von einer Tierfamilie kannst du entdecken?
- Kannst du die Geräusche der Tiere nachmachen?

Grammatik:
- *Präpositionen:* Wo befinden sich die Tiere? Bitten Sie die Kinder, möglichst genau die Position einer Tierfamilie zu beschreiben. („Die Schweine stehen / liegen vor dem Stall. Ein Schwein steht neben einem Huhn." …)
- *Verben:* Welche Verben passen zu den einzelnen Tieren? (Kühe – muhen, Pferde – wiehern, Schweine – grunzen, Hühner – gackern, Gänse – schnattern, Katzen – miauen, Hahn – kräht)

Wortschatzerweiterung / Erzählanlässe:
- *Bauernhofwörter:* Erweitern Sie den Wortschatz der Kinder rund um den Bauernhof (mit Hilfe des Bildes: Stall, Weide, Koppel, Misthaufen, Ferkel, Küken, Fohlen, sich suhlen …, über das Bild hinaus: Traktor, Mistgabel, ausmisten, Eier legen, reiten …
- *Wegbeschreibung:* Nehmen Sie eine Spielfigur und stellen Sie sie an einer Stelle im Bild auf, zum Beispiel bei den Gänsen. Bitten Sie nun ein Kind genau zu beschreiben, wie die Spielfigur zum Hahn laufen kann. („Du musst ein Stück geradeaus gehen, bis du zur Katze kommst. Gehe an der Katze vorbei bis zum Huhn …"). Hierbei können auch gut die Lagewörter „rechts" und „links" thematisiert werden.

ab 3

Bewegungsspiel

Mäuschen, Mäuschen, seid hübsch still

Tiere

Spielanleitung:
Für dieses Spiel benötigen Sie ein Kind als Katze und viele Kinder als Mäuschen. Alle Kinder laufen in der Gegend herum. Dazu kann die Erzieherin oder die Katze Anweisungen für die Bewegungen geben (springen wie ein Pferd, bellen wie ein Hund, watscheln wie eine Ente …). Wenn sich alle Kinder dementsprechend bewegen, ruft die Katze: „Mäuschen, Mäuschen, seid hübsch still, weil die Katz' euch fressen will." Nun sollen alle Kinder schlagartig in der Bewegung innehalten.

Das Kind, welches sich als Letztes bewegt, scheidet aus (oder bekommt einen Strich, gibt ein Pfand ab …). Alle anderen Mäuschen bewegen sich erneut nach Anweisung. Nun ruft die Katze erneut: „Mäuschen, Mäuschen, seid hübsch still, weil die Katz' euch fressen will." So geht es weiter, bis nur noch ein Mäuschen übrigbleibt. Das letzte Mäuschen ist in der nächsten Runde die Katze.

3/4

Tierpuzzle (Hinweis s. S. 5)

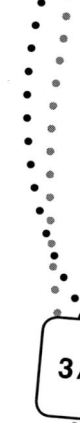

Fingerspiele

Die kleine Fliege

Die kleine Fliege summ, summ, summ
fliegt um deinen Kopf herum.
Fühlt sich so bei dir zu Haus,
ruht sich auf der Nase aus!

Stellen Sie die Fliege mit Daumen und Zeigefinger einer Hand dar, fliegen Sie mit der Fliege mehrmals um den Kopf des Kindes herum und landen Sie die Fliege am Schluss auf der Nase des Kindes.

5 Kätzchen hat die Oma Liese

5 Kätzchen hat die Oma Liese,
das Kleinste ist grad auf der Wiese,
das Zweite liegt am selben Fleck,
das Mittelste, das läuft nun weg,
das Vierte flitzt schnell rein ins Haus,
das letzte Kätzchen fängt die Maus.

Beginnen Sie bei diesem Fingerspiel mit dem kleinsten Finger des Kindes. Zum Schluss wird der Daumen genannt und anschließend in die Handinnenfläche gelegt. Nun streichen Sie die restlichen Finger als „Mausefang" über den Daumen.

Hopp, hopp, hopp

Hopp, hopp, hopp,
läuft es im Galopp,
das schnellste Pferd
von Bauer Gerd,

Mit dem Zeige- und dem Mittelfinger, von der Hand beginnend, den Arm hinauf bis auf den Kopf laufen.

den Berg hinauf – und auch hinab
langsamer geht es jetzt im Trab.

Nun den Kopf und den anderen Arm entlang langsam wieder bis zur Hand hinablaufen.

Dann eins-zwei-drei,
ist sie vorbei,
des Pferdchens Reise
und wir sind (du bist) ganz leise.

Psst!

Mit dem Zeigefinger vor dem Mund „Psst!" zeigen.

Tipp:
Dieses kleine Spiel können Sie als kurze Entspannungsphase, als Einschlafritual oder zur Beruhigung vor einer kleinen Übung (z. B. einer Bildbetrachtung) nutzen.

BVK Kl35 • Ilka Köhler: Sprachförderung mit Kindergartenkindern

Zählen bis 4

1. Welche Tiere leben auf dem Bauernhof?
   Wie heißen die anderen Tiere?
2. Wie viele Beine haben die einzelnen Tiere?
   Mache neben jedes Tier so viele Striche oder Punkte,
   wie dieses Tier Beine hat.

ab 3

Mundmotorik

Hierbei handelt es sich um spielerische Übungen, um die Mundmotorik zu fördern.

Tierstimmenimitator:
Bei diesem Spiel können unterschiedlich viele Kinder mitspielen. Am besten sitzen alle in einem Kreis. Nun darf sich ein Kind ein Tier aussuchen und damit beginnen, dieses Tier ganz leise nachzuahmen (z. B. Frosch: quak-quak). Allmählich wird das Kind mit der Tierstimme immer lauter. Wer das Tier erraten hat, darf sich als Nächstes eine Tierstimme überlegen und vormachen.

Papagei:
Dies ist ein Spiel für zwei Kinder. Hierbei ist ein Kind der Papagei und muss einem anderen Kind alles nachsprechen. Das Kind versucht möglichst schnell, allerlei Quatsch oder Zungenbrecher zu sagen. Der Papagei muss gut zuhören und anschließend nachsprechen. Macht der Papagei einen Fehler, wird das andere Kind der Papagei. Hierbei können Sie die Anzahl der Wörter (je nach Alter der Kinder) begrenzen, ansonsten kann es auch schon einmal zu Endlossätzen kommen.

ab 4

Tiergeräusche und Tiermimik:
Bei dieser Übung können unterschiedlich viele Kinder mitmachen. Am besten sitzen alle in einem Kreis. Wichtig ist es, dass alle Kinder Sie gut sehen können, um Ihre Mundbewegungen nachzuahmen. Vielleicht haben Sie auch kleine Handspiegel oder große Spiegelwände zur Verfügung. Nun können Sie den Kindern auf übertriebene Art und Weise diese Tiergeräusche und Tiermimiken vormachen.

Mund zu einem „U" formen	*Uhu*
Mund als übertriebenes „U" formen, „uuuuu-Laut" machen	*Affe*
Mund weit aufreißen und dabei die Zähne zeigen	*Krokodil*
Mund weit aufreißen und dabei fauchen	*Löwe*
Mund leicht öffnen und Schnarchgeräusche machen, dann bellen	*Hunde*
Mund spitzen und versuchen zu pfeifen	*Vögel*
Mund als Kussmund und Luft einziehen	*so rufen Menschen ihre Hunde / Pferde*
Zunge so weit es geht herausstrecken und schnell wieder einholen	*Frosch*
Zunge in Richtung Kinn und Nase strecken und schlecken	*Katzen*
Zungenspitze an die geschlossenen Zähne drücken und die Lippen leicht öffnen, dabei leicht Luft durch die Zähne drücken und zischen	*Schlange*
Zunge gegen den Gaumen drücken, und nach vorn schnellen lassen (schnalzen)	*Pferd*
Lippen befeuchten, lose übereinanderlegen, dann Luft durchpusten „Ph"	*Pferd*

Tierfamilien

Mit Hilfe der Bilder auf dieser Seite können die Kinder die Namen der einzelnen Tiere in den Tierfamilien kennenlernen (Mutter, Vater, Kind). Außerdem bietet es sich für die größeren Kinder an, die Lagebeziehungen der einzelnen Tiere (vor, hinter, neben, über, unter) kennenzulernen oder zu festigen.

Ein Tierlied

Auf unseren Hof …

Refrain: Auf un-ser-en Hof wir jetzt geh'n fal-le-ra, da gibt es die Tie-re zu se-

hen, fal-le-ra. 1. Die En-ten und die Schwei-ne, die ha-ben brau-ne Bei-ne sie

wa-ren wohl ba-den im Schlamm falle-ra.

Tiere

Text: Ilka Köhler
Melodie: traditionell nach „Im Frühtau
zu Berge wir zieh'n"

ab 4

Auf unseren Hof …

2. Die Kühe und die Ziegen,
   die in der Sonne liegen,
   sie wärmen sich dabei ihr Fell, fallera.

Auf unseren Hof …

3. Die Katzen und die Kätzchen,
   die halten hier ein Schwätzchen,
   sie haben sich alle so gern, fallera.

Auf unseren Hof …

4. Die Pferde und die Hunde,
   die laufen eine Runde,
   sie bringen dem Bauern die Post, fallera.

Auf unseren Hof …

5. Die Mäuse und die Hasen,
   die durch die Scheune rasen,
   sie spielen im Stroh wohl Versteck, fallera.

Auf unseren Hof …

6. Die Spatzen und die Tauben,
   die sitzen auf den Gauben,
   sie blicken hinunter vom Dach, fallera.

Tipp:
Dichten Sie mit den Kindern weitere Strophen
hinzu!

Mein Lieblingstier

Tiere

Name: _____

Datum: _____

ab 3

BVK Kl35 • Ilka Köhler: Sprachförderung mit Kindergartenkindern

Erzählbild „Berufe“

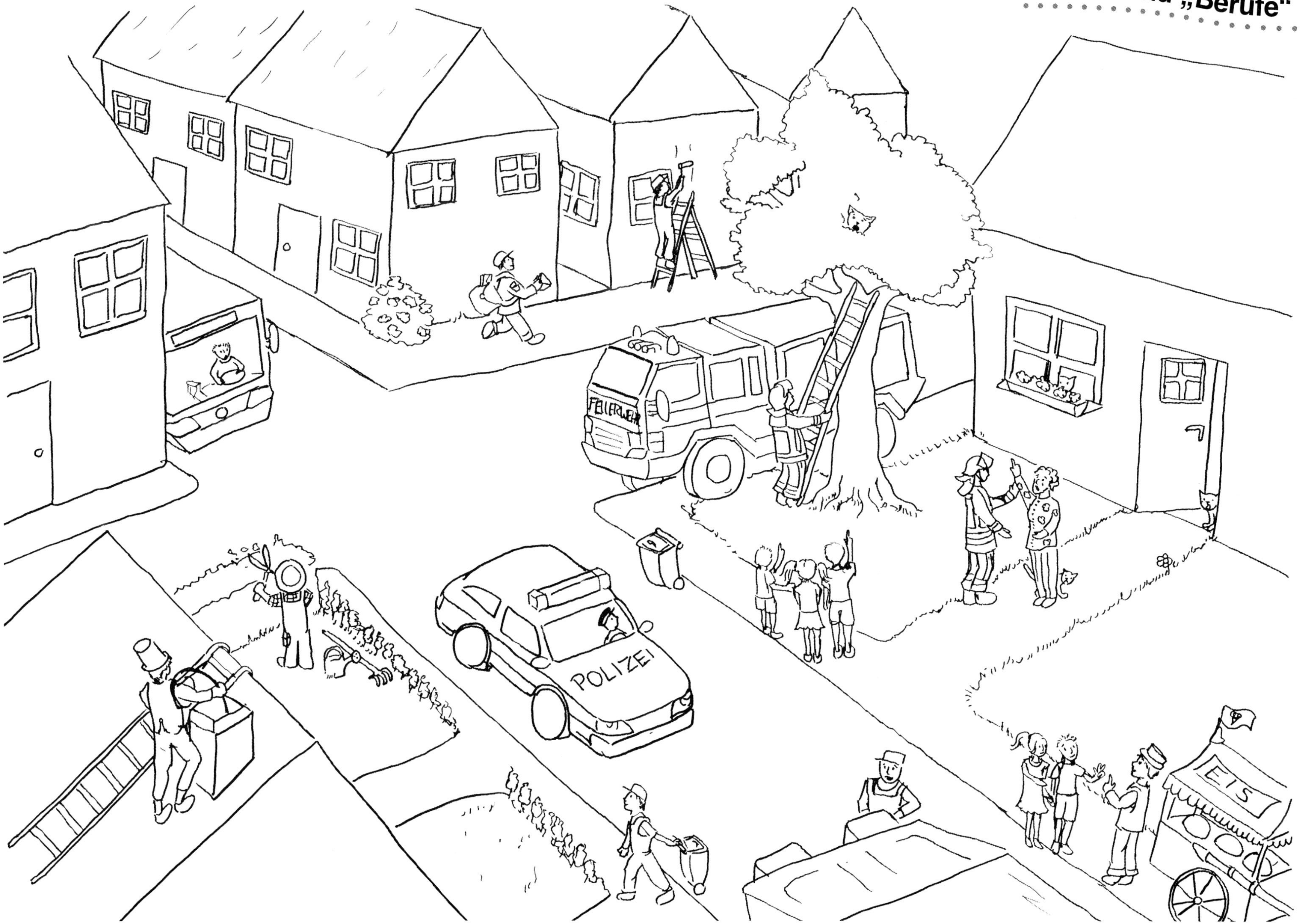

Einsatzmöglichkeiten des Erzählbildes

Berufe

Fragen zum Bild / Reflexionsfragen:

- Welche Berufe kannst du entdecken? Hast du schon einmal jemanden gesehen / gesprochen, der diesen Beruf hat?
- Weißt du, was ein Polizist, Feuerwehrmann, Busfahrer, Eisverkäufer, Maler … bei seiner Arbeit macht?

Grammatik:

- Artikel: Lassen Sie die Kinder die einzelnen Berufe sowie die dazugehörigen Fahrzeuge und Hilfsmittel mit Artikel benennen (der Feuerwehrmann, das Feuerwehrauto, der Postbote, der Brief …)
- Zahlwörter: Wie viele verschiedene Berufe siehst du auf dem Bild? Wie viele Kinder siehst du? Wie viele Fenster kannst du entdecken?
- Farbwörter: Es empfiehlt sich, das Bild (evtl. gemeinsam mit den Kindern) in den richtigen Farben auszumalen: Welche Farbe hat die Kleidung des Postboten, des Schornsteinfegers …? Welche Farbe hat das Müllauto, Polizeiauto …?

ab 3

Wortschatzerweiterung / Erzählanlässe:

- Erzähle, was die verschiedenen Personen bei ihrer Arbeit machen. (Der Feuerwehrmann rettet eine Katze. Der Feuerwehrmann löscht Feuer. …)
- Berufe und ihre Kleidung / Hilfsmittel: Besprechen Sie mit den Kindern zum Beispiel folgende Fragen:
  – Was trägt ein Feuerwehrmann / Polizist / Schornsteinfeger …?
  – Was braucht ein Postbote, Gärtner, Maler … für seine Arbeit?
- Was möchtest du später einmal arbeiten (werden)? Und warum?
- Welche Berufe kennst du noch?

✂ ....

Verschiedene Berufe

Berufe

Material:

Fotos von Eltern in ihrer Berufskleidung (mit und ohne Uniform), 1 Fotoapparat, 1 Magnetleiste

Arbeitsanleitung:

1. Besprechen Sie gemeinsam mit den Kindern, um welche Berufe es sich dabei handelt. Überlegen Sie, ob sich die Berufe an der Kleidung (z. B. Uniformen) erkennen lassen und welches „Zubehör" für diesen Beruf typisch ist. Teilen Sie die Berufe in „erkennbare Berufe" und „nicht erkennbare Berufe" ein.
2. Fragen Sie die Kinder, welche anderen Berufe sie noch kennen.
3. Begeben Sie sich mit den Kindern auf Entdeckungstour durch ihren Ort. Sie sollten einen Fotoapparat mitnehmen und die gefundenen Berufe dokumentieren. Halten Sie nach erkennbaren Berufen Ausschau und bitten Sie die betreffenden Personen darum, für das Berufsprojekt des Kindergartens Bilder von sich und dem passenden „Zubehör" machen zu dürfen, zum Beispiel: Postbote, Friseur, Polizist, Feuerwehrmann, Bäckerin, Müllfahrer …
4. Befestigen Sie im Gruppenraum eine Magnetleiste, möglichst in Augenhöhe der Kinder, und heften Sie die jeweils besprochenen Berufsfotos daran.
5. Die älteren Kinder können die Berufsfotos auch als Vorlage zum Abmalen oder für das beliebte Spiel „Wer bin ich?" nutzen.

ab 4

BVK KI35 • Ilka Köhler: Sprachförderung mit Kindergartenkindern

Berufelied

Wollt ihr uns're Berufe seh'n?

Berufe

Text: Ilka Köhler
Melodie: traditionell nach „Wer will fleißige Handwerker seh'n?"

Alle:	Wollt ihr uns're Berufe seh'n, müsst ihr euch im Kreis rumdreh'n.	*(alle drehen sich einmal um die eigene Achse)*
Friseur:	Schnipp, schnipp, schnapp (2 x), die Haare schneid ich dir jetzt ab.	*(mit den Fingern Schneidebewegungen machen)*
Gärtner:	Seht doch, seht (2 x), der Gärtner harkt das Blumenbeet.	*(Harkbewegungen darstellen)*
Busfahrer:	Brumm, brumm, brumm (2 x), den Bus, den fahre ich herum.	*(mit den Händen ein Lenkrad drehen)*
Fußballer:	Ein Bein vor (2 x), ich schieße nun ein Fußballtor.	*(mit einem Bein Schussbewegungen machen)*
Koch:	Rühr, rühr, rühr (2 x), ein schönes Essen koch ich dir.	*(mit einer Hand Rührbewegungen machen)*
Postbote:	Bitte sehr (2 x), solch schöne Briefe geb ich her.	*(mit einer Hand pantomimisch Briefe weiterreichen)*
Sänger:	Trallala, trallala (2 x), ich stelle einen Sänger dar.	*(mit dem Mund pantomimisch singen)*
Kellnerin:	Ich komm hin (2 x), ich bin ja hier die Kellnerin.	*(mit beiden Händen vor dem Bauch ein Tablett darstellen)*
Schornsteinfeger:	Oh, wie fein (2 x), ich kehre euch den Schornstein rein.	*(Kehrbewegungen darstellen)*
Imker:	Summ, summ, summ (2 x), ich dreh mich mit den Bienen rum.	*(mit den Zeigefingern als Bienen herumsummen)*
Hausmeister:	Ach wie schwer (2 x), ja, ich bin hier der Hausmeister.	*(pantomimisch einen schweren Sack huckepack tragen)*

ab 3

Spielkarten (1)

Mit den hier abgebildeten Karten haben Sie verschiedene Möglichkeiten. Sie können Quartett oder aber, bei der Verwendung von jeweils zwei passenden Karten, ein Memo-Spiel spielen. Vorab sollte besprochen werden, wie die einzelnen Berufe und Gegenstände heißen und welche zusammengehören.

Außerdem können Sie die Vorlagen für ein Bingospiel verwenden. Dafür kopieren Sie pro Mitspieler eine der beiden Vorlagenseiten in zweifacher Ausführung. Eine der Seiten schneiden Sie als Bildvorlage zu und laminieren diese. Die zweite Seite zerschneiden Sie in die einzelnen Bilder und laminieren diese ebenfalls. Jeder Mitspieler bekommt eine der Bildvorlagen, die einzelnen Bilder werden verdeckt in die Mitte gelegt. Nun dürfen die Mitspieler abwechselnd ein Bild ziehen. (Besprechen Sie im Vorfeld, ob die Bilder allen Mitspielern gezeigt werden sollen oder nicht.) Passt das Bild auf die eigene Vorlage, kann es dort abgelegt werden. Passt es nicht, wird es wieder verdeckt zu den restlichen Karten gelegt. Sieger ist das Kind, auf dessen Vorlagenseite zuerst alle passenden Bilder aufgelegt wurden.

Bei jüngeren Kindern bietet es sich an, zunächst alle Karten aufzudecken und die zusammengehörigen Karten herauszusuchen und zu benennen.

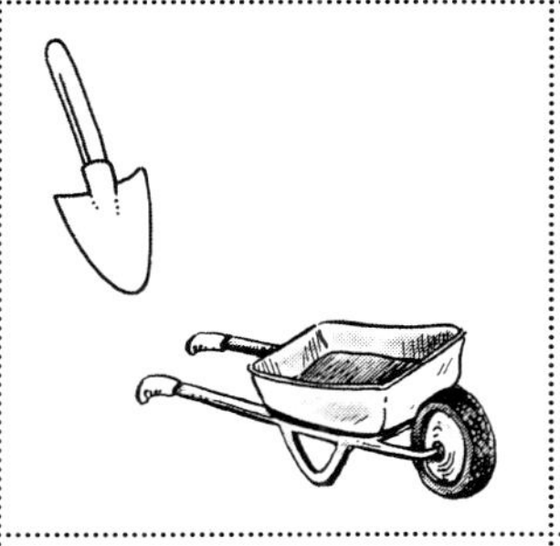

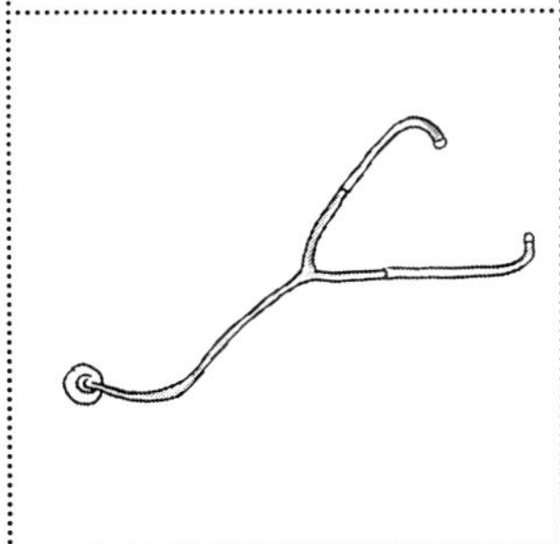

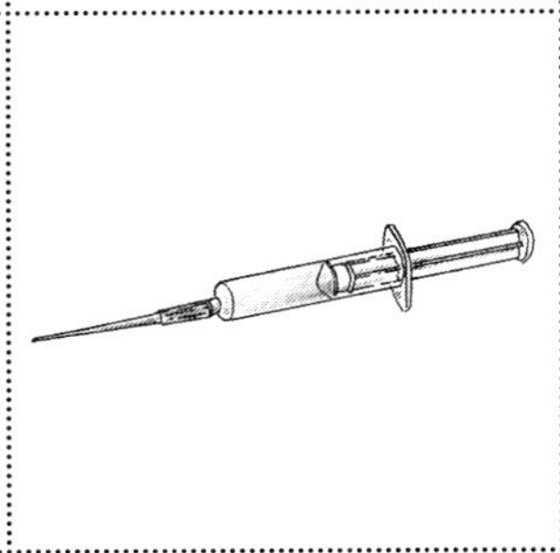

4 / 5

BVK Kl35 • Ilka Köhler: Sprachförderung mit Kindergartenkindern

Rückenmassage

Das Treffen der Berufe

Es war einmal an einem schönen Tag, da trafen sich die Berufe. Sie wollten sich gegenseitig zeigen, wie sie arbeiten. Zuerst trat der Friseur vor. Er frisierte und kämmte den anderen die Haare.

→ die Fingerkuppen beider Hände abspreizen und sie sanft von oben nach unten über den Rücken des Kindes ziehen

Nun wollte die Bäckerin vorführen, was sie in ihrer Backstube macht. Sie backte Brot, Brötchen und Kuchen. Dafür musste sie den Teig kräftig kneten.

→ die Fingerkuppen beider Hände abspreizen und über den ganzen Rücken (mit Ausnahme der Wirbelsäule) des Kindes massieren

ab 4

Auch der Gärtner war zu dem Treffen gekommen. Er kümmerte sich um die Pflanzen, goss die Blumen, mähte den Rasen und zupfte das Unkraut.

→ mit dem Zeigefinger und Daumen der dominanten Hand im Pinzettengriff mehrmals vorsichtig an der Rückenhaut des Kindes zupfen

Jetzt kam die Schriftstellerin an die Reihe. Sie zeigte den anderen Berufen ihre Bücher und schrieb ihnen ein langes Gedicht.

→ mit dem Zeigefinger und Daumen der dominanten Hand von links oben bis rechts unten über den Rücken des Kindes schreiben

Als Nächstes führte der Lokführer seine Arbeit vor. Er lud die anderen Berufe zu einer kleinen Zugfahrt ein.

→ die Handkanten beider Hände parallel nebeneinanderhalten und mit wenig Druck als Gleise über den Rücken des Kinder ziehen

Anschließend ging die Köchin in ihre Küche und stellte sich an den Herd. Sie bereitete eine leckere Suppe zu.

→ mit der dominanten Hand eine Faust formen und mit der Handkante im Kreis über den Rücken des Kindes führen

Die Klavierspielerin setzte sich an ihr Klavier. Sie holte ihre Notenblätter heraus und spielte allen eine wunderschöne Musik vor.

→ mit den Fingern beider Hände auf dem Rücken des Kindes Klavier spielen

Dann trat der Maurer hervor. Er baute mit den anderen Handwerkern ein kleines Häuschen und verputzte anschließend die Wände.

→ mit den flachen Händen über den Rücken des Kindes reiben

Zum Schluss hatten die Berufe gesehen, wie wichtig jeder einzelne von ihnen ist und sie feierten gemeinsam ein fröhliches Fest.

→ mit den Fingerkuppen beider Hände quer über den Rücken des Kindes hüpfen (dabei können Sie auch eine kleine Melodie summen oder ein Lied singen)

Berufe raten

Berufe

In jeder Familie gibt es unterschiedliche Berufe. Sie können die Kinder zu ihrem Wissen befragen. Machen Sie daraus eine lustige Raterunde und lassen Sie die Kinder von ihrem Wissen erzählen.

– Wer löscht das Feuer?
– Wer backt das Brot?
– Wer baut das Haus?
– Wer kocht das Essen?
– Wer malt die Bilder?
– Wer bringt die Post?
– Wer fährt den Zug?
– Wer schneidet die Haare?
– Wer schreibt die Bücher?
– Wer repariert Autos?
– Wer rast über die Rennstrecke?
– Wer bringt Menschen zum Lachen?
– Wer führt im Zirkus Turnübungen vor?
– Wie heißt der Chef auf einem Schiff?
– Wer kümmert sich um kranke Menschen?
– Wer kümmert sich um kranke Tiere?
– Wer bereitet den Honig zu?
– Wer fertigt Brillen an?
– Wer trägt einen Helm?
– Wer trägt eine Uniform?
– Wer trägt einen Anzug?
– Wer verwendet eine Waage?
– Wer verwendet eine Schere?
– Wer verwendet einen Computer?
– Wer hat eine gefährliche Arbeit?
– Wer arbeitet auf der Baustelle?
– Wer arbeitet im Krankenhaus?
– Wer arbeitet im Büro?
– Wer fährt im Auto?
– Wer arbeitet mit Menschen /
  Erwachsenen?
– Wer arbeitet mit Kindern?
– Wer arbeitet mit Tieren?

Wer malt die Wände an
und klebt Tapete dran?
(Maler)

Wer fährt hinaus und macht das Feuer aus?
(Feuerwehrmann / Feuerwehrfrau)

Wie heißt der Mann, der ein
Flugzeug fliegen kann?
(Pilot)

ab 4

Wer kann es wagen,
den Müll wegzutragen?
(Müllmann)

Wer erfindet die Sachen,
die anderen Freude machen?
(Erfinder / Erfinderin)

Wer ist voll Ruß und Kohle,
vom Scheitel bis zur Sohle?
(Schornsteinfeger / Schornsteinfegerin)

Wer bringt mit lustigen Sachen
die Zirkusbesucher zum Lachen?
(Clown)

Wer riecht stets frisch
nach Wasser und Fisch?
(Fischer / Fischerin)

Wer arbeitet bei Gericht
und mag die Lügen nicht?
(Richter / Richterin)

Wer kann das bloß sein,
hat auf dem Hof ein Schwein?
(Bauer / Bäuerin)

Wer regelt den Verkehr,
fängt Diebe und noch mehr?
(Polizist / Polizistin)

BVK Kl35 • Ilka Köhler: Sprachförderung mit Kindergartenkindern

Mein Berufswunsch

Name: _____

Datum: _____

Berufe

ab 3

BVK Kl35 • Ilka Köhler: Sprachförderung mit Kindergartenkindern